索·恩
THORN BIRD

忘 掉 地 平 线

日本人的画像

李长声 著

社会科学文献出版社

图书策划人　视觉设计师

联合创立

前　言 / *001*

日本人的画像 / *001*
可爱的妖怪们 / *041*
厉鬼推日 / *054*
以和为贵 / *066*
武士的忠诚 / *076*
福泽谕吉与明治维新 / *089*
坂上乌云 / *101*
满纸血光画战争 / *119*
零战未归于〇 / *128*
大河电视剧 / *144*
游戏三国志 / *157*
谷崎润一郎与中国 / *168*
那把砍掉三岛好头颅的刀 / *183*
村上若不来东京，或许不会写小说 / *196*

京都需要读 / 222

奈良怀古 / 232

一工成匠代代传 / 241

依样画葫芦 / 250

骆驼祥子拉过的洋车 / 256

工匠与神话 / 267

莫须有的规矩 / 276

看懂日本字 / 285

三个字看懂和食 / 306

光看没有酒,樱花算个屁 / 317

茶道与日本美意识 / 330

俳句不滑稽,就是打蔫的花 / 367

后记:答腾讯·大家问 / 377

前 言

书名"日本人的画像"是编辑给起的。

不由得想到日前有朋自海西来,陪游京都如仪。侨居日本三十年,也曾想搬到京都住几年,始终未如愿。人在东京可以写日本,却不可写京都。京都是日本的另类,美在舞伎古庙,更美在游客看不见的地方,长住久居才写得来。

京都有一座"南座",坐落在四条大桥东头的街南,桥下流淌着鸭川。

起初这里是郊外,艺人汇聚。传说安土桃山时代(织田信长和丰臣秀吉先后在安土、桃山两地筑城,致力于统一天下的霸业,史称安土桃山时代)出了个巫女,叫出云阿国,长得美,会跳神乐舞。她女扮男装,跳来跳去,创作出歌舞伎踊。后世歌舞伎戏剧认阿国为始祖，但当年德川幕府认为有伤风化，禁止女性登台，流弊至于今。作为欢乐地，原有七座官许小剧场，或焚毁，或迁移，最后只剩下南座。1929年改建成钢筋混凝土的高楼，后来内部又改装一新，外貌始终是桃山文化的风格，被国家列为有形文化财产。从使用之久来说，它是日本最古老的剧场。

站在街北望过去，楼壁挂满了演员的名牌，好似居酒屋满墙的菜谱。两侧的两栋楼相形见绌，西边底层有小店，挑着一排小灯笼，一个灯笼一个字：创业文政年间祇园馒头。就是说，这类似我老家豆包的"馒头"已经卖了二百来年。东边楼里有一家"爆笑似颜绘商店"，用漫画的笔法给人画肖像。这也算日本的传统，浮世绘里画歌舞伎艺人就这么画。门口摆了些作品，有日本的安倍，美国的特朗普，还有中国人，大点儿的郭德纲、小点儿的范冰冰，招徕过江之鲫似的中国游客。人物都是在影视上常见的，一眼认得出。各自独有的特征被大加夸张，让人在哑然失笑中留下印象。估计被画的人看见自己这副尊容也不禁爆笑,又多了一脸的尴尬。

我忽有所悟:写日本若能像这样画"似颜绘"那该有多好。大概编辑命名的用意也在此。人不是镜子,不可能像镜子一样纯客观地、一丝不苟地反映日本。任谁写日本都是在画像,用自己的眼观察,用自己的笔描述。有看不到的地方,也会有看错,还有所取舍。作为中国人,自觉不自觉以中国为背景和参照看日本,议论其好坏。因为住得久,一方面渐渐失去了好奇或猎奇的眼光,另一方面也能够拿日本自身的过去和现在、中央和地方、关东和关西、本土与离岛做比较。我也想画得像蒙娜丽莎,奈何力有不逮,技术有所不及,那就勉力画成漫画肖像画,同样无限地接近真实,也许更有趣,读了可以得余裕之心。

余裕很重要。不要把读者搞得太紧张,如鲁迅所言,使人"觉得仿佛人生已没有'余裕','不留余地'了"。"在这样'不留余地'空气的围绕里,人们的精神大抵要被挤小的。"而且,"人们到了失去余裕心,或不自觉地满抱了不留余地心时，这民族的将来恐怕就可虑"。

夏目漱石曾自道："品茶浇花是余裕，说笑话是余裕，绘画雕刻以消闲是余裕，垂钓、唱歌、戏剧、避暑、泡温泉是余裕。只要日俄战争不没完没了，世间不充满博克曼（按：易卜生的戏剧《约翰·盖勃吕尔·博克曼》）那样的人，就净是余裕。我也除了不得已的场合之外喜欢这余裕。"他将天下的小说分为两种，有余裕的和没有余裕的，提倡有余裕的小说。我写的是随笔，觉得随笔更不能无余裕。这需要作者活得有余裕。自以为写日本既没有找他山之石的任务，又没有替谁说好话的义务，先就有了一份闲心，悠然看日本。但随笔有两个元素——知识性与趣味性，我往往过于在意知识性，真好似折花，"除尽枝叶，单留花朵，折花固然是折花，然而花枝的活气却灭尽了"（鲁迅语），写得不能像漫画肖像画那样招笑，遑论爆笑。

过了"爆笑似颜绘商店"一直往前走，街边一间间小店卖各种被当作京都特色的物品。尽头有八坂神社，阳光下色彩晃眼。中国庙宇是红色的，日本涂朱色，譬如平等院，还有伏见稻荷大社，无数架鸟居闪耀着金光。捐鸟居明码实价，小的要十七万五千日元，大的一百三十万。近年来外国观光客太多，大和的神也烦了，竟不许摇响殿檐下悬挂的铜铃招呼它。

编辑给起了书名，前言却必须作者本人写。日本出版有一个说法：随笔结集，第一篇应该是新写的。这规矩有意思，所以有时给集子写一篇新文章代替前言（代序）。这回写前言时外面下着毛毛雨，皇居正举行退位仪式，老天皇身穿黄栌色御袍，祭告天照大神和列祖列宗。虽然是自主，却也费了一番周折内阁才允许他退位，也就是告老退休。天皇是象征，国家大事基本上内阁总理大臣（首相是通称）说了算。新年号不再沿袭上千年取自中国古籍的传统，从日本古籍《万叶集》里选取"令"与"和"两个字拼凑而成。

这"令和"年号令一些中国人颇为兴奋，因为他们上网一查，到底逃不出中国古籍，对于日本来说，中国文化简直是如来佛的手掌。日本也使用汉字，我们汉字本家固不妨骄傲一下，但人家也用了千百年，那些汉字早变作日语。明治年间我们从日本拿回了好多词语，看着还是原样，却别有了含义，被人在汉字上改朝换代。不管怎么样追根溯源，今后也只能把令和当作日本年号用。梁启超上书质问张之洞：皇嗣与皇太子之名义，有何分别！这回日本又改造汉语：天皇的儿子是皇太子，天皇的弟弟当第一接班人叫皇嗣。周作人说过："日本文中夹着汉字是使中国人不能深彻地了解日本的一个障害。"

明天（2019年5月1日）零时新天皇即位，启用新年号，我的这些随笔就变成前朝的旧文。改元给人一个说事的节点，搞事的机遇，但日本还是那个日本，不会一下子万象更新。中国人也还是旅游，蜂拥去京都，有人去欣赏日本风情，有人去寻找大唐残影。去之前最好读一读我的随笔《京都需要读》，就收在这本书里，回来之后读也有益。

日本人的画像

议论日本，这就是日本论。有所偏重，就叫作日本人论，或者日本文化论。社会结构、精神构造等，可谈论的事项有很多，我侧重于文化，侧重于人，亦即国民性。我们也经常谈论我们自己，大至国家，小至柴米油盐。例如辜鸿铭，台湾的柏杨。当然，写中国文化论，写中国人，最深刻的，是鲁迅先生。他刻画、塑造的阿Q，到现在还活在我们身边，甚至就活在我们自己的心里。鲁迅先生的时代有个叫胡汉民的，孙中山说过，他和胡汉民论事，十之八九争持不过，这个胡汉民在民国十七年（一九二八年）说："批评一国家的政治得失易，了解一民族特性难。政治有许多明显的迹象，就是它因果联络关系也容易探求而得其比较。至于一个民族的本真，纵的是历史，横的是社会，如戴季陶先生所说的，既要有充分研究古籍的力量，还要切实钻到它社会里面去，用过细体察的工夫。"我没有"研究古籍的力量"，也不曾下过"过细体察的工夫"，只是介绍一下现成的日本论。

比鲁迅小十岁的戴季陶（一八九一～一九四九）曾留学日本，给孙中山当过秘书，宫崎滔天说"他的日本话要比我们说得还好"。这个戴季陶说："把日本这一个题目从历史的研究上，把它的哲学、文学、宗教、政治、风俗，以及构成这种种东西的动力材料，用我的思索评判的能力，在中国人的面前，清清楚楚的解剖开来，再一丝不乱的装置起来。"这就是日本论，以及研究日本的方法论，那就是不仅要分析，还要综合。如胡汉民所言，"不止能说明日本的一切现象，而且能剖解到日本所以构成一切的动力因素"；既"做了日本人的律师，同时又做了他的审判官"。

说好说坏,一般都是有比较的,有意无意地进行比较。我们今天夸日本也好,骂日本也好,大都有个参照物,那就是我们的中国。常有人说日本干净,这就是拿自己所处的环境做比较得出的印象。有时候,问题也可能出在参照物上。例如侨居日本多年的中国人写日本,有意无意地跟中国比较,不过,他知道的中国往往是过去时的。我有时也谈到日本的宗教,可实际上,我在中国老家从小到大,几乎没见过寺庙,而新中国成立前、改革后中国的香火也旺盛,都不是我十分了解的。美国人写了一本《丑陋的美国人》,受其启发,大概在一九七〇年代,日本人也写了一本《丑陋的日本人》。柏杨在一九八〇年代写《丑陋的中国人》。说来任何民族、任何文化、任何人都有丑陋的一面。一般来说,后写书的人,往往意识着前面的书,甚至抱有一种比你更丑陋的潜意识。你写一本"丑陋的",我也写一本"丑陋的",也不免让人有一种感觉,后写的那本书比先写的那本书所揭露的更丑陋。竞相揭丑,不是坏事,但比较哪个更丑陋,就不大好了。要像鲁迅先生那样，更多的是更无情面地解剖自己。

　　日本人喜爱日本论，简直是活在日本论当中。不仅喜爱自画像，而且喜爱别人给他们画的像，无论画得美，画得丑。不仅多事之秋大谈日本论，盛世也大谈日本论。这倒像《菊与刀》那本书（美国学者鲁思·本尼迪克特）说的，他们很在意别人的眼光。这是日本的历史给日本人造成的民族心理，甚至是心理压力。古代文化是从中国拿来的，近代以后的文化是从欧美拿来的，那么，日本文化是什么？日本人是什么？所以，他们汲汲于辨认自己，确立自己，自立于民族之林。江户时代创立国学是为此，明治维新立神道为国教是为此，战败后种种言行，如当今总理大臣安倍晋三的所谓正常国家，也都是为此。总的来说，日本人在文化上不大有底气。大概这世界上最有文化底气的是中国人，他们去哪里都能弄出个中华街、中国城，形成四海之内，在里面悠然过自己的日子。日本人看别人怎么说自己，なるほど，原来自己这样与众不同，这个德行就是日本人，就是日本文化。

跟别人不一样,独具特性,不管它好坏,都可以自满、自豪。我也写写小文章,也是帮他们辨认日本文化。不过,日本人是什么?这简直是一个天问,问来问去,好像日本人还是不知道自己是什么。

日本出版了多少日本论、日本人论、日本文化论?当过文化厅长官的文化人类学家青木保一九九〇年出版了一本《日本文化论变貌》,据他估计,一九四五年战败以来,不到半个世纪,出版了两千多种。如今又过去四分之一个世纪,恐怕新出版的也有上千种。日本论有肯定日本的,也有否定日本的,好像是势均力敌。肯定的题目如《过去现在都不得了呀日本人!》《让世界号啕大哭的日本人》《日本为什么在世界上最有人气》《无私的日本人》《日本为什么被亚洲国家喜爱》,等等。否定的题目如《日本人为什么不知道日本》《劣化的日本人》《日本人为什么不成熟》《躲避风险的日本人》《统治者一直欺骗日本人的真实》《为什么日本人不学习》,等等。

有个叫小谷野敦的评论家有点另类,认为:

不存在日本文化的本质什么的，过去的日本文化论净给日本文化附加些莫名其妙的意义。所以，日本文化论是造假。

还有一个叫内田树的，有很多头衔，哲学研究者、思想家、伦理学者、武术高手、翻译家，好像给自己画了一个花脸，他也评论村上春树，属于村粉型，前几年写了一本《日本边境论》走俏，据加藤嘉一说，中国的大学就是用这本《日本边境论》和《菊与刀》理解现代日本人。怪不得中国人看日本总有点不大靠谱。这个内田认为："日本文化只是以'何谓日本文化'这一无穷追问的形式存在，并没有原点或祖型。"

我们也爱看中国论，现在也总有人在论。但好像日本人更爱看外国人如何议论自己，特别是欧美人的评头品足，大概除了麦克阿瑟说日本人跟德国人比，才十二岁，惹恼了日本人，不给他立牌坊，一般都怡然接受，特别是关于日本神话的说法。我们似乎不大喜欢外人说三道四，尤其讨厌被日本人指指点点。大多数日本论不是学问，充其量属于评论，而且是面向大众的，是大众的知识性消费品，例如《丑陋的日本人》。它曾畅销一时，罗列些具体现象，好像给日本人画了一幅漫画。

回顾一下以往具有代表性的日本论、日本人论、日本文化论。

日本论，基本是比较论。日本最初有意识的比较，应该是撰写《日本书纪》的时候，这部史书是写给中国人看的，读者对象也就是比较对象。传说的圣德太子给隋炀帝写了一纸国书，抬头写的是"日出处天子致书日没处天子无恙云云"，这就没比较好，要跟隋炀帝平起平坐，话说得太大了，自找没趣。那时候可没有平等、互利之类的外交原则。十二世纪前半成书的《今昔物语集》收集了很多故事，分作天竺（印度）、震旦（中国）和本朝（日本）三部分，日本人心中就三国，日本占天下的三分之一。

江户时代，日本闭关锁国，除了和中国，后来和荷兰有一些交往之外，跟外国几乎没什么联系、交流，所以也无从比较。美国黑船敲开了日本国门，这才睁眼看世界。福泽谕吉到横滨一看，荷兰语没用，赶紧把兰学丢到一边，学英语。后来他也出国考察，写了《西洋概况》，还有人写《西洋旅游记》。把外国的东西、外国的情况介绍到日本来，不就是因为日本比不过人家么？那时候比较的结论是日本落后而野蛮，于是搞文明开化。

明治过了二十年，日本打了两场战争，一场是甲午战争，把大清打了个落花流水，也打醒了中华民族。另一场战争是日俄战争，战胜了俄国。打败大清，得到了割地赔款，发了一大笔大财，日本从此富起来。但日俄战争，一分钱没捞到，老百姓认为这场战争白打了，什么没捞到，大为不满，发生了一场动乱。这个时期日本人的民族意识真正觉醒，日本论盛行。办杂志叫"日本人"，办报纸叫"日本"，有四种日本论广为人知：志贺重昂的《日本风景论》(一八九四年)、内村鉴三的《日本人代表》(一八九四年)、新渡户稻造的《武士道》(一八九九年)、冈仓天心的《茶书》(一九〇六年)。前两种是在日本人心中树立日本的概念与形象，后两种用英语写作，日本人向欧美人介绍日本，想让他们认识日本，让他们知道日本是个什么样的国家。

甲午战争打败了中国，和中国比较的日本论，和朝鲜比较的日本论也多了起来。日本要走出中国文化的阴影，所以比较时基本倾向是贬低中国文化，制造自己的文化。长自家的志气，灭他人威风，不免自吹自擂。

《日本风景论》主要是论述日本的风景，不仅比中国好，还可以与欧美比肩。内容芜杂，从文化论到登山技术，因为登山也是刚刚从国外引进日本的。

《日本人代表》写了五个日本人的生平事迹，西乡隆盛、上杉鹰山、二宫尊德、中江藤树、日莲上人，是给中学生水平看的励志书。

《茶书》，书名起得很明白，是关于茶的书，但好像我们一些人把它当作茶道的书来读。例如其中写"茶的流派"，不是写表千家、里千家之类的茶道流派，而是介绍茶这种植物作为饮料的传播。

这些书是日本的经典，但对于中国的一般

读者来说，不值得一读，不必把过时的东西也塞进自己的脑袋里。

最有名的是《武士道》。跟西方的骑士道比较，要树立日本一种精神道德。告诉西方人，你们有骑士道，我们也有武士道，让欧美人认识一个能与他们并驾的日本。武士道作为道德体系，内容基本上是儒教的，义、勇、仁、礼之类，讲武士的生活和修养。新渡户稻造写这本书，并没有把武士道视为最高层次，他认为还要继续努力，要无限地接近基督教，因为他本身是一名基督教教徒。他的终极目标不是武士道，而是走进基督教。其实，我们也有这类面向欧美的著述，例如林语堂的《吾国与吾民》，可惜我们自己不当回事。

到了明治朝末年，我们也耳熟能详的作家夏目漱石等开始反思文明开化，认为明治维新不是自发的改革，而是受外界的压力，从外而内，把自己的文化都当作垃圾抛弃了。他那一代人对明治维新大加批判。好像我们中国人为了浇自己的块垒，自清末以来一直把明治维新的价值估计过高。

新渡户稻造说："武士社会不存在了，但是武士精神留存。"他面向对日本一无所知的欧美读者，用武士道展现并确立日本的独特性。所用资料是自己脑袋里装的那点儿现成资料，甚至关于切腹的例子都是从欧美人的著作引用的。有人认为，新渡户不了解日本，并没有真正写出日本的精神。出口转内销，衣锦还乡，大概这也是日本人追捧的原因之一。有些美意识是在生活衰退或消亡之后，作为对往事的回想，被纯粹化，升华或结晶而成的。至于我们对武士道的印象，可能除了这本书，更多的来自小说、影视，是被美化了的东西，特别是人情。

说到武士道，常提及另一本书《叶隐》，这是一本古书，江户时代佐贺藩武士谈话录，别人给他记录下来的。藩是诸侯国，"藩"这个叫法是明治维新以后才有的，江户时代并没有。孔子说："不知生，焉知死。"武士要发现死，活着的时候，就要想好怎么死。

《叶隐》在日本江户时代是一本禁书，在当地佐贺藩是被禁止的，其他地方更不知道这本书。他讲的并不是武士的规范，更不是"武士道"的教科书。最初付梓刊行是打赢了日俄战争，整个日本处于好战的狂热中。刊行者把书呈现给乃木希典，几年后，乃木希典和妻子为明治天皇殉死，或许他是第一个受这本书影响的人。大正年间出版《叶隐》，偏巧总理大臣大隈重信是佐贺人，为之作序。

日本全面发动侵华战争的一九三七年，军部、军政府用《叶隐》向青少年鼓吹为国捐躯精神，把它捧了起来。书中有一句名言，"武士道就是发现死"，也就是找死，支撑特攻队（敢死队）慷慨捐躯。战败后，《叶隐》这本书和武士道都遭到了批判，被丢进了故纸堆。

一九六七年三岛由纪夫出版《叶隐入门》，说"它是提倡自由的书"。由于三岛由纪夫的名气，《叶隐》这才咸鱼翻身，跟着他走向世界。《叶隐》写的是武士家庭出身的生活经历和感受，《武士道》那本书也没太把它当参考。

据说"武士道就是发现死"这句话是三岛由纪夫的座右铭。三岛心里很清楚，号召自卫队员起义是扯淡，只是在死前表演一番罢了。不过，他的死被日本以及世界当作了武士道的样板。

昭和年代初期，一九三〇年代，又出了几本日本文化论，有名的是九鬼周造的《"粹"的构造》（一九三〇年）、和辻哲郎的《风土》（一九三五年）。"粹"这个字的来源是义气，发音也是义气。京都那一带写作"粹"，东京人写成"义气"。作者没有用汉字，用的是假名，我主张翻译成"粹"，因为"义气"会引起中国人的误解。现在日本有一种"江户热"，似乎江户时代什么都好，人多么粹。所谓粹，比如北京一个看大门的老大爷，满嘴的京腔，那种派头就是老北京的"粹"。日本的"粹"起初是艺伎的作派，若换成现在，就是女孩子起名字流行的"凛"。此书所说的"粹"的意思不是后来引申的，与其说是日本论，不如说是恋爱论。一般认为，此书用西方的哲学手法分析"粹"这种非常日本的感觉、价值，抽出其构造。实际上读过它的人不多，好像题目使它成了经典。

一九四五年日本战败，战后第一本日本

文化论，是美国人类学家鲁思·本尼迪克特的《菊与刀》。在美国是一九四六年出版，日本一九四八年翻译出版。可以说，给日本人的震惊远远超过了以往任何一本日本论，真的是空前绝后，特殊的历史条件也使后来很难有人再超过它对日本的影响。《菊与刀》的菊常被想象为皇家的标志，其实书中说的是人工侍弄菊花，制作菊花盆景，是一种人工美。常说日本人热爱自然，实际上他们不大主张改造自然，但很爱修理自然，日本庭园是一个典型。我国养菊花也同样加工，用铁丝把菊花造型。一方面为培养菊花用尽绝招，另一方面崇拜刀，把最高荣誉归于武士，所以菊与刀是一幅画的两个部分，以养菊的爱美对比以刀为荣的尚武。这就构成两面性，二重性。一方面彬彬有礼，另一方面妄自尊大；一方面因循守旧，另一方面顺应新事物。

《菊与刀》把日本文化加以类型化，所谓耻文化，而且跟欧美类型的罪文化相对。战败后日本被美军（盟军）占领，没有一亿玉碎，但人人都灰头土脸，度日维艰，此书把日本文化在类型上与西方文化对等，使日本人为之一振。对于日本历史来说，这才是此书的最大贡献，远远胜过了圣德太子要跟隋炀帝平起平坐的"日出处天子致书日没处天子无恙云云"。

作者对日本人的性格有很多发现，例如日本人避免竞争，害怕竞争失败所带来的耻辱，这样的现象在现在可以看到。又认为日本真正强在失败之后换一个方向倾注努力。日本人确实有个特点，也就是转向。比如战败投降了，麦克阿瑟走下飞机，他很担心日本人打游击，到处抗议，结果日本人几乎一点儿没反抗。当然也有人说崇拜天皇，天皇投降，大家就投降。当时企图顽抗到底的，就是那些自以为最忠于天皇的军人。实际上，日本人并不那么听天皇的话。例如当今的总理大臣安倍晋三，带头喊天皇万岁，但天皇不参拜靖国神社，他却去参拜。我认为，日本与中国有三大差别，一是地理的岛国与大陆，二是历史的万世一系与改朝换代，三是单一民族与多民族。当然，日本其实并不是单一民族，但形成了这种文化意识与心理定式。中国经常被入主中原，抵抗就会出民族英雄，很讲究气节，所以电视剧也特别爱抓叛徒，除之而后快。日本人不大有气节的观念，不大把转向当回事。我们的影视剧演日本鬼子，动不动切腹自杀，这是夸张了日本人的坚强。他们害怕当俘虏，是被军队洗了脑。如果都那么坚强，八路军中的那些日本兵都哪儿来的。前些日子看过一个NHK播映的那种档案片，美军（盟军）分析日本兵俘虏的特性，例如他们被教育，活捉之前自杀，但没有教育他们万一被活捉了之后的做法，结果一旦当俘虏就不知怎么办了。再是优待他们，他们被"义理"感动就痛痛快快地转向了。

一九四五年八月十五日，有一个出版社的社长，在车上听了天皇的投降诏书（其实叫投降诏书不准确，那是天皇对国民发出的诏书，并没有说我们"败北"了，而是说"收拾时局"，发动战争、结束战争由天皇操纵自如），一边痛哭流涕，一边想应该出一本"学英语手册"。匆匆忙忙找了两个人编写，只有几十页，美国占领日本不到三个月就上市，立刻畅销，印了三百多万册。当时日本物资匮乏，纸张限量供应，如果有纸的话，可能日本人手一册。

所谓耻，就是说，对于日本人来说，可怕的不是上帝，不是宗教的戒律，而是世人的眼光，是人言可畏。所以，尽可能抑制自发的行动，自我防御，以免蒙羞，丢面子。不是以正确与否决定自己的行动，而是取决于别人怎么看。罪在自己心中，是绝对的，而耻则要以与他人的关系性为前提。

认识日本及其人以及文化，好些中国人至今犹看重美国人鲁思·本尼迪克特的著作《菊与刀》。它确是经典，但毕竟过去五六十年，出版时当今首相安倍晋三还没出生呢。从《菊与刀》这个书名，没读过的人也可以从中文汉字的相对，想当然地大谈日本人的二重性，或者两面性。关于日本人的两面性，唐人早已指出过，例如包佶写诗送阿倍仲麻吕（晁衡）回国，说"野情偏得礼，木性本含真"。还很"野"的时候就跨越地学会了中国的"礼"，而那种"木性"现今也常被在日本给他们打工的中国人笑话。

《菊与刀》问世十年前，周作人写道："近

几年来我心中老是怀着一个大的疑情，即是关于日本民族的矛盾现象的，至今还不能得到解答。日本人最爱美，这在文学艺术以及衣食住行的形式上都可看出，不知道为什么在对中国的行动显得那么不怕丑。日本人又是很巧的，工艺美术都可作证，行动上却又那么拙，日本人喜洁净，到处澡堂为别国所无，但行动上又是那么脏，有时候卑劣得叫人恶心，这真是天下的大奇事，差不多可以说是奇迹。"

本尼迪克特用文化人类学解开周作人的疑情：这奇事的根由在于欧美文化是良心大大地好的"罪文化"，而日本人总得有人盯着指着才知"耻"。但是，一九二八年戴季陶出版《日本论》，分析得更为透彻。他写道："日本封建时代所谓'町人根性'，一方面是阴柔，而一方面是残酷，以政治上的弱者而争生活上的优胜，当然会产生这样的性格。现在日本的实业家里面除了明治时代受过新教育的人而外，那些八十岁级的老人里面，我们试把一个武士出身的涩泽，和町人出身的大仓，比较研究起来，一个是诚信的君子，一个是狡猾的市侩，一个高尚，一个卑陋，一个讲修养，一个讲势利，这种极不同的性格，就可以明明白白地看出武士、町人的差别了。"从社会阶级看透日本人的两面性。近代以来大和民族的两面性是武士与町人（商人工匠等市井之人，所以我译作"市人"）的合体，"现代日本上流阶级、中流阶级的气质，完全是在'町人根性'的骨子上面，穿了一件'武士道'的外套"。诚信、高尚的品格是德川幕府用儒家思想对武士进行改造的结果。清除武士的"武"，那种从激情燃烧的岁月带过来的野蛮的杀伐之气，修养成"士"，以充当领导阶级。明治天皇复辟后接连兴战，鼓吹武士道，我们知道的武士形象就一副野相了。

《菊与刀》作者没到过日本，著作中令人目不暇接的事例好些是得自俘虏或文学作品。戴季陶在日本前后生活过八年，更作为孙中山的翻译、秘书接触过很多日本要人。有日本学者认为戴季陶《日本论》具有体系性，足以比肩《菊与刀》，某些地方更凌驾其上。

《菊与刀》给我们的知识是一些碎片，相当于现在的段子，恐怕这也是它的吸引人之处。

以前，诸位还没有出生呢，中国有个大庆石油，他们的精神当中有"领导在和领导不在一个样"，领导看着他，他就好好干，领导的眼光不在了，他就不好好干，这不就是耻感文化吗？典型的两面派。但好像日本的两面派是文化的，而中国的两面派更在于道德。西方人研究日本时，往往看不清哪儿是日本的，哪儿是中国的，他们说的日本文化常常是东方文化，汉字文化圈文化，所谓日本的独特性是对于西方文化而言，在我们看来就未必独特。把《菊与刀》那本书里的"日本"二字全改成"中国"，现在有电脑，这事很容易办到，说不定读起来更为通畅。最应该对此书做一番研究、批评，并借以比较日本、中国、西方的，恰恰应该是中国学者。周作人说过："西洋人看东洋总是有点浪漫的，他们的诋毁与赞叹都不甚可靠，这仿佛是对于一种热带植物的失望与满意，没有什么清白的理解，有名如小泉八云也还不免有点如此。"又说："中国与日本并不是什么同种同文，但是因为文化交通的缘故，思想到底容易了解些，文字也容易学些，（虽然我又觉得日本文中夹着汉字是使中国人不能深彻地了解日本的一个障害,)所以我们要研究日本便比西洋人便利得多。"

这话说得非常对。譬如鲁迅说:"优良而非国货的时候,中国禁用,日本仿造,这是两国截然不同的地方。"又说:"我怀念日本。那些日本人有种打破砂锅问(璺)到底的气质。我是羡慕日本人这一点的。中国人没有这种气质。不管什么,总是用怎么都可以来对付过去。不改掉这'怎么都可以',是无论如何不能革新中国的。"这种东方之内的民族性差异不是西方人看得出来的。从清末黄遵宪到民国戴季陶、周作人,他们对日本的看法是非常高明的,遗憾的是我们自己不当回事。远来的和尚会念经,在这一点上,我们跟日本人一样。

周作人说到小泉八云,他是一百多前的人物,生于希腊,作为美国出版社的通讯员来日本,毁约当了英语教师。娶日本女人为妻,叫小泉八云。在东京大学教过书,后来接替他的是从英国留学回来的夏目漱石。他认为神道是日本早已有之的，神道是日本文化的根底。但实际上，神道是明治政府炮制的东西，拿它来立国。明治维新前开始设计建构神道，明治维新时那些志士尊王攘夷，神道被当作理论基础，精神支柱。明治维新后，新政府把神道立为国教，尊崇天皇，这时候神道才在日本文化里基本站住脚。政府反复下令，毁寺灭佛，让和尚还俗，尼姑嫁人，树立神道的权威。但年头也不是很多，终于战败了，战败之后寺庙开始恢复，佛教也恢复。所以，说神道是日本文化的根底，没什么道理。以往在日本占统治地位的是佛教、儒教。日本人有神道之心，不过是一百来年的事，根底非常浅。所以，元旦参拜，家附近有神社就拜神，有寺庙就礼佛，圣诞节也过得热热闹闹。小泉八云的日本论很大程度上是他的文学创作，他的日本梦，对于认识真实的日本是一个障碍。他在晚年也有所反省，认为自己对日本把好话说过头。

《菊与刀》写的是战前及战争期间的日本人。五十年后，一九九九年又有美国人写了一本日本论，道尔的《拥抱失败》，副题"第二次世界大战后的日本"，二〇〇一年岩波书店翻译出版，二〇〇四年又出版增补版。时当泡沫经济崩溃后，经济长期不景气，虽然是一本学术书，却大畅其销。此书主要写日本战败之初的苦难历程，从上到下如何接受民主主义。民主不是日本人自己争取的，而是在美国占领下被民主，美国大兵硬把民主塞给他。如今日本人民主了，但实质是民主主义下的臣民。当我们看日本人觉得莫名其妙的时候，就可以试用这个判断来解析。也可以说，这种臣民是麦克阿瑟的占领政策造成的。读书也要与时俱进，对于我们来说，《拥抱失败》更具有现实意义，比《菊与刀》更值得一读。

中根千枝的《纵社会的人际关系》出版于一九六七年，印数多达百万册。我们中国人读来，立刻就会想到，中国社会不也自古就是纵的社会吗？而且有过之而无不及。恐怕哪个社会都具有纵结构，非日本特殊。这本书在日本基本没有什么人读了，只当作日本文化论的文献束之高阁。

前几年日本又出版一本《日本边境论》，卖得不错。此书是一本普及读物。中国如今也有了这种现象，有些人专门卖嘴皮子，卖通俗，把别人的学问拿来通俗化，讲给大众听。当然有普及的意义在里面，功不可没。边境之类的说法并不是作者的发明，是从丸山真男、梅棹忠夫那里贩来的，活学活用，举一些生动活泼的事例加以阐释，使这个观点普及化，乃至常识化。

这本书用"边境"两个字作为关键词，讲说日本人常抱有某种文化劣等感。中国文化是中心，是一种文明的中心，日本远离中国，处于中华文明的边缘，觉得自己离得远，不免有一种文化的劣等感。有这种劣等感，一开始就比文明的中心，以及和文明的中心比较近的民族晚起步。起步晚了，参加游戏晚了，游戏规则都已经定好了，自己不得不遵守、依从游戏规则。其实，这个逻辑就是日本搞侵略的一个借口。

日本人过去处于中华文明的边缘，可以说，现在处于美国文化的边缘。边境这个说法能表现日本文化的特征，但不具有独特性，别的地方也存在带有这种特征的文化。处于某一文明边境的文化，"既有自尊心，但其反面，也带有某种文化劣等感"，在世界上到处可见，甚而是一些地方纠纷的根源，算不上日本文化独具的特征。

一个民族的文化论，首先要找出本民族不同于其他民族的特点、特色，但人性是普遍的，所以找出衣帽的不同很容易，辨认国民性的不同就不容易了。日本人最爱说日本独特，因为独特，所以外国人无法理解。与人不同，他们为此而沾沾自喜。若是理解了，就好像不独特了，很叫他们有失落感。日本人强调独特性，而这种独特性，往往是东方的独特性，汉字文化圈的独特性，是跟西方文化对比而显现的，所以当他强调自己独特性的时候，中国人或者朝鲜人往往不以为然。有一个欧美人写了一本《日本独特性的神话》，说日本人自以为独特的，外国也有。独特论也就是特殊论，失败时是一种辩解,胜利时是一种得意与傲视。

二〇一五年联合国的人权问题专家调查了日本,公开说日本中学、高中的女生百分之十三搞援助交际。所谓援助交际,是卖淫的隐晦而时髦的说法。日本政府抗议。专家以及媒体往往为了赚眼球而夸大其词,好像我国关于大学生的这类负面报道也比较多。

对于日本人,尤其是日本女性,我们中国人有一个莫须有的印象,那就是色,几乎没有贞操观念。戴季陶在他的《日本论》就谈到过这个问题,积生活日本三十年之经验,深知他的看法极为高明。他说:

> 许多中国人以为日本女子的贞操观念淡薄得很,以为日本社会中的男女关系差不多是乱交一样。这一个观察完全错误,大约这是中国留学生的环境和他们的行为很足以令他们生出这样的错觉来。日本人的贞操观念的确和中国人有很大的不同的地方,然而决不像中国留学生所说的。第一日本人对于处女的贞操观念绝不如中国那样残

酷。第二日本孀妇的贞操，固然也主张的，然而社会的习惯绝不如中国那样残酷，至于有逼死女儿去请旌表的荒谬事件。第三日本人对于妓女，同情的心理多过轻蔑的心理。讨妓女作正妻的事是很普通的，尤其是维新志士的夫人几于无人不是来自青楼，这也可以证明日本社会对于妓女并不比中国社会的残酷。第四日本的妇人的贞操，在我所晓得的，的确是非常严重，而且一般妇人的贞操观念非常深刻，并不是中国留学生所想象的那样荒淫的社会。一般来说，我觉得日本的社会风纪，比之中国的苏州、上海，只有良好决没有腐败。而他们的贞操观念，不是建筑在古代礼教上，而是建筑在现代人情上，也较中国自由妥当得多。

我刚才说我在日本生活三十年，这里就有一个陷阱，好像去一趟日本就了解日本，住得越久越了解，那倒也未必。中国人其实很封闭，封闭在所谓中华文化中，中国人到了哪里，哪里就会出现中华街、中国城，他们在其中继续过中国日子。他们看当地的外国未必真切，想法未必正确，而且中国人向来好议论，顺口胡说，说来说去，说得他自己都信了。如今有网络之便，谁都可以上来说，对日本的误解更是满天飞。

不过，我觉得这种印象很大程度上也是日本人自己造成的。漫画，影视剧，把日本画成那样，演成那样。日本作家村上春树在我国也非常有人气，媒体年年炒作他能不能得诺贝尔文学奖，已经十连败。日本有评论家认为，诺奖不奖励村上，是因为他写的小说是通俗的色情小说。他的色情有特色，那就是作品里净是美人，或者净是适合主人公口味的女人，立马就上床。女人完全彻底为男人进行性服务，而男主人公们从来不考虑女方拒绝上床的可能性。大概"文革"之后在中国上映的日本电影《追捕》让中国人第一次领教了日本女人的这种"献身精神"。从日本小说来看，似乎近世（也就是江户时代）描写恋爱，一般是女人迷恋男人而痛苦，到了近代学习俄国小说，才一变为男人痛苦地迷恋女人。村上以谈性为能事，他的畅销表明日本人不以谈性为耻。好些中国人走出国门,这下子自由了,变得很放肆,做梦当一把村上小说的主人公。

关于色情,日本有法律规制。我们在国内看见的觉得很色情的东西,可能在日本未超出法律许可的范围。法律之下人人平等,看色情并不是一种特权。除了法律,还有道德约束。能够把一个在日本是不登大雅之堂的AV女优苍井空捧为苍老师的中国人远远比日本人色得多,色得没有底线。一些人偷看的AV网站,可能是日本人办的,但不是在日本办的,而是在北美。AV女优纷纷来中国发展,堂而皇之地登台,可以说中国早已超过日本,"脱亚入欧"了。日本的漫画有18禁,就是不能给未满十八岁的人看。不过,法律也有趣,日本女性十六岁就可以结婚,可不可以看黄色漫画呢?有一个电视剧叫《深夜食堂》,听说中国年轻人爱看。本来是漫画,中国有出版社引进,给脱衣舞女郎穿上了比基尼。那么,日本漫画家为什么会同意?这不是人权问题吗?我猜想,这是因为他考虑到中国的国情及法规。我没看过漫画,只看过电视剧,是深夜节目。之所以深夜播放,就有点少年不宜的意思。而且，漫画本来是刊登在读者是那些上岁数男人的漫画杂志上。那个店叫"深夜食堂"，开在红灯区一带，从深夜营业到早晨，是为在红灯区做事的人开的。不消说，故事那么多的店不可能存在，那不是日本的日常。小说也好，漫画也好，日本人的绝活就是色情加人情。

有个漫画家叫丸尾末广，在日本没什么名气，好像被我国很当回事地介绍过，但日本一般的书店买不到他的漫画，因为太色情，太血腥。他的动画片拿到欧洲参加电影节，回到日本海关就被没收了。

中国人看得津津有味，却感叹日本人色情，或许是羡慕吧。好像戴季陶的说法不过时，日本的社会风纪，比之现在的中国，也只有良好。而且有的人感叹世风日下，拿出的挽救办法竟然是封建礼教，恐怕终究不会奏效的。

关于日本民族性，或者国民性，每个人都会有自己的观察、分析与判断，虽然大多数不过是随便说说罢了。例如有人说，"因为出海时间漫长，日本男性文化常显露出压抑的欲望；

由于船体的狭小，又表现出无可回避的暴力性"。这就牵扯到日本是农耕民族还是海洋民族的问题。日本人的祖先是大陆渡来人和弥生人的后裔，大陆人基本是农耕民族，而弥生人也延续了绳纹时代的稻作文化。虽然日本史学者网野善彦主张日本的"百姓"不只是农民，还有海民。就好比我国说重农轻商，这个农不只是种地的农民，还含有沿海以打鱼为生的渔民，也就是海民。更有人把冲绳加进日本古代历史中说事，以增重海民之说。但是从思想、制度以及经济来说，日本是农耕社会，海民及其经济不占主导地位。到了遣唐使时代，日本的航海技术也不算发达，海民只能在近海活动。所以，江户时代他们也不是到远海捕鲸。而且，像美国小说《白鲸》（赫尔曼·麦尔维尔著）所描写的（这本小说写出了美国人的国民性，足以借鉴今天的美国人），鲸鱼把欧美人引到了日本近海（沿岸与远海之间），以至于美国开来炮舰，敲开了日本国门。所以，说出海时间长，船舱小，养成了日本民族性格，不过是一个想当然。

文化论的倾向与时代有关。日本战败后，丸山真男的《日本的思想》、川岛武宜的《日本人的法意识》，这些日本论是否定性的，对日本文化不好的一面加以批判、反省。但到了一九七〇年代，日本跃进为经济大国，不可一世，要拂去对欧美的劣等意识、战败国意识，出现一大批自卖自夸的日本论，民族主义大行其道。自我赞美的日本文化论有一个代表，那就是梅原猛。他参与创办国际日本文化研究中心，并担任第一任所长。他的学说被称作"梅原日本学"。

日本文化论，我觉得有两个问题：一是总把自己跟西方文化比较，只拿西方文化作为参照系数。这是明治维新以后日本人骨子里对中国文化的刻意脱离，无形中也形成一种蔑视。把盆景、算盘都算作它的，拿去跟西方比较。比如土居健郎的《"甘"的构造》，这个"甘"是撒娇、依赖人、讨人喜欢，作者认为这是日本人独有的心理和思维。韩国人立刻驳斥，说朝鲜也有这种说法，并非只日语里有。作者谦虚地接受，立脚点就崩溃了，虽然如今也算是名著。

再是论的往往是东京文化。日本文化也不是铁板一块，也是五里不同风。常有人说日本买东西不能砍价，旅行团去日本，事先告诉你不准砍价，其实日本商店是很会顺应的，为中国人，也会让你砍价，当然他都算计好了。一般来说，关东不砍价，关西是可以砍价的，比如被我们称作色情大师的小说家渡边淳一，他带着女秘书在大阪的商店买衣服，觉得有点贵，女秘书是当地人，说我替你砍价。店家不同意，她就转了一圈又去砍，就砍下来了。

西方人对日本不大瞧得起。说日本的经济发展是一个神话，这说法本身就含有本来没把它看在眼里的意思。麦克阿瑟说过："德国人如果有四十多岁的话，日本人才十二岁。"不管他怎么辩解，说自己说的是民主成熟度云云，却惹恼了日本人。本来想给他颁奖，立碑，一怒之下什么都不给了。日本能创造奇迹，靠的是天时地利人和。天时和地利都是美国给它的，美国人打仗，用得着它，把它扶植起来。甚至可以说，是美国人制造了一个神话。和"四小龙"相比，和中国改革开放以来的发展相比，日本算不上神话。泡沫经济崩溃以来，虽然人和的条件依然有，但天时与地利相对不具备了，它就一直萧条着。

我们中国人观察、议论日本大致有三个阶段：清末黄遵宪及其以前的，民国年间的，大陆一九八〇年代以来的。实际上，在大陆与日本关系正常化以前，五十年代到七十年代，还有台湾人一直在写日本。例如，李嘉，他读过东京帝国大学，抗战时期活跃重庆文艺圈，自一九四七年任驻日记者，知识渊博，阅历丰富，一九七〇年给报纸写日本专栏，涉笔方方面面。一九八〇年代去日本的大陆人写日本几乎没超出他写过的范围，学识与见识似乎大不如，更不要说笔力了。又如钱歌川，他是五四运动第二年去日本求学，丰子恺比他晚一年，抗战胜利后出任驻日代表团（也就是驻日大使馆）主任秘书，我们从他的笔下能看见战败之初的日本。还有司马桑敦，东京大学硕士，驻日特派员,从一九五四年到一九六四年给报纸写通讯,差不多两百万字,结集为《扶桑漫步》。我们还能从他的笔下看见一九六六年"问题的东京,东京的问题"。一九六六年东京有二百四十万吨垃圾,其中只有百分之二十用现代化焚烧炉处理,其余都运去填海。东京湾上的"梦岛"就是垃圾填出来的,住在东京湾边上的人家盛夏不敢开窗户。一九六五、一九六六两年苍蝇成灾,当局出动飞机进行火攻,才把蝇群镇压了下去。卓别林到日本拍片,会见记者第一句便说,东京太臭了,是他所到大城市中最臭的。一九六六年我们开始搞"文化大革命",日本开始解决东京问题。现在中国人蜂拥去日本购物游玩,对日本的干净赞不绝口,这也是发展的结果,日本人并非天生就干净。看日本也必须历史地看。很多人惊异东京街头找不到垃圾箱,其实,我一九八〇年代末到日本,感觉是日本垃圾箱真多,最有意思的就是看人从垃圾箱里捡报纸、漫画,拿车上看,然后再丢进垃圾箱,循环利用。一九九六年发生了奥姆真理教放毒事件以后,尤其车站内,把垃圾箱都撤掉了,后来恢复了一些。不久前在东京站的厕所里还看见站长启事，说大家抱怨垃圾箱太少，正在研究增设云云。可见，垃圾箱少并不是常态。日本人看球赛后捡垃圾，感动了世界，但前些日子万圣节过后，涩谷那里满街垃圾，好在又有人捡。看事情要历史地看，全面地看，写好的方面以自勉，但不要拿来恶心自家。跟江青同乡，毕业于广岛文理科大学，当过驻日外交官的作家、翻译家崔万秋一九六〇年代也写过《东京见闻记》。

一直有一个说法，说中国人不了解日本，对日本的研究远远不如日本对中国的研究。这个说法很大程度上是一个伪命题。

其实，这种说法也是古已有之。清末黄遵宪写道："中国士夫闻见狭陋，于外事向不措意。今既闻之矣，既见之矣，犹复缘饰古义，足己自封，且疑且信，逮穷年累月，深稽博考，然后乃晓然于是非得失之宜，长短取舍之要。余滋愧矣。"就是说，古代中国人不屑于认知日本。胡汉民为戴季陶的《日本论》作序，写道：

"地理是接近的，文字是一半相同的，风俗习惯是相去不远的，留日学生较之留欧学生数量要多十几倍，而对于日本也一样的没有什么人能做有价值的批评的书。"戴季陶作《日本论》，说到"中国人研究日本问题的必要"，也指出"这十万留学生，他们对于'日本'这个题目有怎么样的研究，除了三十年前黄公度先生著了一部日本国志而外，我没有看见有什么专论日本的书籍"。但是，我认为，陈寿的《三国志》给日本人记录了历史开篇，是世界上最古老的日本论、日本人论、日本文化论。从黄遵宪以降，尤其是戴季陶、周作人，对日本加以考察、研究，逐渐有了深刻的认识，形成了中国的日本论。他们的日本论卖不过《菊与刀》，中国人不"细细读过"，甚至"爱不释手"（胡汉民语），就不会真正认识日本。戴季陶也提示了研究方法。他本来几年前写过一篇《日本论》，但"觉得主观过重，好像有心说人家的坏话，人家有些好处也说成坏处了"，而改作这部十多万字的《日本论》，则是"平心静气的研究，决没有从前偏执成见的毛病"。

古代中国人不关心日本，只觉得那是个很远的地方，在大海之中，但颇有好感，想象成仙境，所以，当今中国游客对日本的赞不绝口也是古人之心。至少两千多年中华文明一直比日本发达，日本人渡海到中国取经，学习中国文化，而中国不需要学习日本文化，这是正常的历史现象。鸦片战争后，特别是甲午战争，中国人也睁开眼睛看日本了，例如黄遵宪。清末以后中国人清醒地认识到日本学习西方才强大了，所以去日本留学，大都想通过它学习西方，这正是舍末求本，直奔主题，没什么不对的。至于不如人家日本学得好，那是另一个问题。

日本人研究中国多如牛毛，这正是它甩不掉中国文化阴影或包袱的一个证明。而且，他们主要是研究中国的古代文化，因为它自己的文化源头在那里，若不研究，日本文化就无从谈起。从日本政府跟中国打交道来看，日本对中国的研究也并不高明。

有人说日本研究中国非常透，连哪里有个小煤矿都知道得一清二楚。说这话的人大概忘记了，日本这么研究中国是为了侵略，占有、搜刮中国的物质，而中国从来没打算侵略日本，当然没想到那么深入地研究人家的家底。

我们中国人自有中国人做事做学问的弱点、短处。

譬如，中国论日本缺少西方似的长篇大论，往往是随笔，甚至一两句诗。而且偏重文化，文化渊源，而不大关注政治经济。近代以来亚洲学西方的论述方式，虽然彻底被洗脑，但论述政治或经济至今仍然是西方人的强项。例如，有些人对自己民族的手艺知之不多，或许从来不关注，却一知半解地大赞日本的匠人精神。大概世界上第一个为日本工匠点赞的是我们北宋的欧阳修，他有诗：其先徐福诈秦民，采药淹留丱童老，百工五种与之居，至今器玩皆精巧。

又比如，全世界都认为日本人善于模仿，这是我国清末黄遵宪早就指出的，说"日本最善仿造，形似而用便，艺精而价廉。西人论商务者，咸妒其能，畏其攘夺云"。写诗说他们

"不过依样画葫芦",但"镂金刻木总能工",关键则在于"颇费三年刻楮功"。这几句诗,在西方人的笔下就可以洋洋洒洒写出一大本书。中国人的思维习惯和表达方式是诗歌的,随笔的,只有论点,没有论据。

日本的一些优点,譬如拿来主义,善于学习,也是中国帮它养成的。处于原始时代,旁边就有了一个那么发达的文化,自然会不由自主地伸手拿来。养成了习惯,后来看见西方有更好的东西,也什么都拿来。社会一旦形成了某种体制,就未必还那么宽容,因为拿来主义对于社会的稳定也可能是一个破坏。日本战国时代织田信长组建洋枪队,长筱战役用三千杆洋枪击溃武田胜赖的强悍骑兵,德川家康也率军参战,但江户时代二百余年基本未发展洋枪洋炮。

中国落后了,那么,甚至是出于动物的本能,也会去模仿,如今中国人把世界"山寨"得叫苦不迭,丝毫不亚于日本当年。

可爱的妖怪们

日本爱画鬼。

前几天看了河锅晓斋展,就是想看看他画的那些鬼,那些妖怪们。

晓斋,明治年间评论他:为人放纵,不拘礼节,使气轻财,唯酒为命。据说三岁画青蛙,七岁跟民间的浮世绘师歌川国芳学画,十岁成为狩野派弟子,十九岁出徒。时当江户时代末,独领风骚四百年的御用画家集团狩野派也日薄西山,当绘师难以营生,但晓斋不囿于樊篱,集各派手法于一身,以"狂斋"之名画插图,画灯笼,画浮世绘。一八七〇年,年将不惑,应邀参加在上野长酡亭举行的书画会,好酒喝了六七升,挥毫作画,讽刺新政府权贵,当场被捕。坐牢三个月,挨了五十鞭,出来后更名"晓斋"(与"狂斋"同音),就是把自己由"狂着呢"变为"晓得啦",却惨遭美术界排斥。他画的那些讽刺画叫"戏画",笔墨灵活,气韵生动,民众很喜爱,行家认为没品位。自认狩野派画工,世间当他画浮世绘的。偏巧处于江户绘画与近代绘画之间,作品里混淆着圣与俗、贵与贱,掉进两种价值观的夹缝,几乎被美术史忘到了脑后。本世纪以来伊藤若冲、曾我萧白等十八世纪的画家被重新评价,河锅晓斋也以奇特的构思、谐趣的风格惊艳于世。

一八八一年参展四幅作品,其中《枯木寒鸦图》获奖,奖状上写道:摒弃平生戏画风习,此作之妙技实堪盛赞。一只乌鸦站在一根枯枝上,标价一百元,招人非难,他说:这不是一只乌鸦的价钱,而是长年修炼之结晶的价钱。被人买了去,名声大振,刻了一枚印:两只乌鸦和万国飞三字。这次展出一屋子乌鸦,巡视一过,似不无一鸦不如一鸦之感。明治政府雇来奠定近代日本建筑业基础的英国建筑家约西亚·肯德尔拜他为师,学习日本画,并著有

《河锅晓斋》一书，记述了晓斋用传统技法画《龙头观音》的复杂与慎重，画名果然飞到了欧洲。这次展示的一百八十来幅作品是一位英国画商的荟藏。

从戏画到佛画，晓斋的画题极为广泛，或者说芜杂。大概他有求必应，怀游戏之心即席挥毫，一个个妖怪跃然纸上，生趣盎然。晓斋的幽灵画和地狱图有画得可怕的，但更多的是滑稽，例如日本鬼头上长角，小鬼趁阎罗王外出行乐之机割下来卖钱。《地狱名妓与一休》画的是传说，叫"地狱"的名妓占据画面，衣着华丽，一具白骷髅弹弦，侏儒般的一休在它头上舞之蹈之，像要逗名妓一笑，先就把观众逗乐。妖怪画仿佛是晓斋恶作剧。

他重视写生。传说小时候去写生泛滥的河流，捡回来一个枭首示众不久的人头，留着画写生，吓坏了女佣。古人说："犬马人共知，旦暮见之，不易类，故难；鬼魅无形也，人皆未之见，故易也。"世上无妖怪，画妖不难，画得怪更易，但画家用拟人的手法把它们画活，简直像《北斋漫画》的人物，看着才可爱，恐怕就绝非易事。

五十九岁去世（一八三一～一八八九）后刊行《晓斋百鬼画谈》。百鬼的"百"不是准数，以示鬼多也。大约十二世纪前半成书的《今昔物语集》等说话集里已经有百鬼夜行的故事；鲁迅的《中国小说史略》有云："说话者，谓口说古今惊听之事，盖唐时亦已有之。"画到长卷上，大鬼小鬼像西方反政府游行，一路逶迤而快活，名为"百鬼夜行绘卷"。遗存颇多，以真珠庵所藏最古老，可能是室町时代（一三三八～一五七三）的制作。庵在京都，宗属大德寺，奉一休为开祖，藏书画甚丰，但游人免进。器物历百年而成精，加害于人，叫作"付丧神"，百鬼夜行绘卷的妖怪多数是它们。妖怪是活物，无生命的器物一旦成精也就活起来。《晓斋百鬼画谈》沿袭以往的百鬼夜行，又别开生面：先上场的是骷髅军团，紧接着动物变化的妖怪们迎战，后面不断有各种付丧神赶来助战。付丧神之说宣扬的是"草木非情，发心修行成佛"，或许不相信器物能修行，好些人把用过的什物如扇子、偶人，送到庙里供养，付之一炬，以防它妖化。

画动物成精作怪，首推《鸟兽人物戏画》（甲卷），大约十二～十三世纪之间出自多人之手，现藏京都高山寺。画上的兔、蛙、猴像人一样嬉戏喧闹，当然是成了精的妖怪。这个"戏画"被视为漫画的源头，一部漫画史就是画妖怪滥觞。当今漫画也爱画妖怪，眼睛大得出奇的美少女造型不就近乎妖吗？宫崎骏的动画片大都是妖怪世界。中国漫画为何赶不上日本？因为没有了妖怪，人们丧失想象力。余生也晚，跟共和国一起成长，连草木鱼虫都不大认识，遑论妖怪。学日本漫画必须从根儿上学，学来那份想象力。说来他们的想象力本是从中国拿来的，例如鸟山明创作的长篇漫画《七龙珠》，主人公就叫孙悟空。我们改编《西游记》远不如日本，小说、影视剧、舞台剧、漫画、动画片、电子游戏等七十二变，倒是把《七龙珠》译本卖得不次于《西游记》。怪力乱神，日本说是有八百万，其实土生土长的并不多，多数来自中国，还有些来自印度。例如"姑获鸟"，由于妖怪小说家京极夏彦的《姑获鸟的夏天》我们也耳熟能详了，它的出处却是在中国，江户时代才传入日本，现而今还乡很有点"海归"派头。最近好像出现妖怪热，这妖雾来自日本的漫画和小说，还有人欢呼孙大圣么？说不定妖怪复兴之日，即我们想象力恢复之时。

孙悟空自称齐天大圣，却是个妖猴，而且由无机质的石头变来的。对于妖怪，人有两种利用法：一是对社会有所不满，否定或打击却无能为力，便找来妖怪代办，它们相当于武侠小说的大侠；二是把妖怪分成好和坏两伙，用好的打坏的，那就是"今日欢呼孙大圣，只缘妖雾又重来"。孙猴子被招安后一路上打杀同类，赶尽杀绝，反倒是菩萨神仙们慈悲为怀，把做尽坏事的妖怪收了去继续豢养。画妖怪也未必"不问苍生"，常借之活灵活现世态与人心的原形。

人死后变鬼，动物修炼成精，都属于妖怪。妖怪能变化，这是它的属性之一。例如狐狸，日本最古的佛教说话集《日本灵异记》中有"娶狐为妻生子"的故事，狐狸善变的思想来自中国。变化是有条件的，那就是修炼，得道成仙。人死了变鬼容易，动物或器物成精则需要长年的修炼。创立日本民俗学的柳田国男曾研判妖怪与幽灵，后来某研究者设定：本来是人，死了以后具备人的属性而出现的东西叫幽灵；人以外的东西，或者人，用不是人的形状出现，这东西就叫妖怪。甚至说人有三种灵，死了之后不露形迹地活动叫"死灵"，活着时精灵出壳四下里活动叫"生灵"，死了之后以现世的身形活动叫"幽灵"。《源氏物语》中的"六条御息所"守寡后和源氏搞姐弟恋，简直是嫉妒的化身，用"生灵"加害源氏移情别恋的女人们，江户时代把她当作妖怪，她也是漫画"病娇"形象的祖师奶奶。这些区分很专业，不是我想深入的，马马虎虎地统称妖怪。人巴结神，祭神如神在，对妖怪避之唯恐不及。妖令人恐惧，怪令人好奇，人们对于妖怪的态度是又怕又爱，青少年喜欢钻进游乐场的"鬼屋"玩恐怖。把妖怪从可怕变为可笑有趣，妖怪文化变成娱乐文化，更加商品化，宫崎骏们的动漫大大地赚钱。

《晓斋百鬼画谈》开头的场面是夜雨潇潇，

镜头转入室内，只见一烛高擎，黑衣人张大了嘴作势，周围的人或听得入神，或惊恐欲逃，这是在讲鬼故事。江户年间"说话"变成讲故事，叫"百物语怪谈会"。入夜，人们凑到一处开故事会，点亮一百根灯芯，讲一个故事熄灭一根灯芯，都熄灭了，鬼就趁黑暗出来了。这个开场也画有一个人爬去拔灯芯，或许还负责在节骨眼上惊呼怪叫。怪谈会起初是用来试武士的胆量。把这些吓人的故事编成书，出版了不少"百物语怪谈集"。毕竟都怕鬼，顶多讲到九十九为止，不给鬼出来的机会。妖怪见不得阳光，所以要"夜行"。黑暗是妖怪存在并活跃的环境条件。现代城市的明亮使妖怪无藏身之处，与农村的妖怪相比，城市妖怪更带有科幻性，可能相信UFO，不信狐狸精。文明与科学消灭不了妖怪，它们仍活在城市传说与虚构作品中，供人娱乐想象力。城市妖怪现象似乎较少民俗性，更多是心理的。城市也自有暗处，譬如学校体育馆、地下停车场、医院停尸房。光天化日之下的妖怪，那就是变形金刚吧。安全但不安心，心里就会有莫名的恐惧，东京女知事仿佛用这种心理把搬迁水产市场妖怪化。荫翳虽然有幽玄之美，却也带了鬼气，令人忐忑，恰如能剧的假面。《晓斋百鬼画谈》最后一幕是太阳出来了，妖怪们溃逃。真珠庵《百鬼夜行绘卷》结尾也是太阳压顶，群怪逃散。

日本人喜爱妖怪。妖怪在宫泽贤治的笔下变成童话，在泉镜花的笔下变成幻想文学，在一些作家的笔下甚而变成科幻。陋巷出身与身处知识人世界的乖离造成芥川龙之介人生观的虚无，而江户时代的怪谈趣味在他笔下表现为神秘、怪异、超现实。村上春树的小说里不也是鬼影憧憧么？当代日本人心目中的妖怪形象有过去遗留的，相当多则是从小看漫画，被漫画家水木茂画在了心上。宫崎骏的妖怪基本是创新，富有人性，相比之下，水木茂继承传统，进而画出了妖怪的"妖怪学"面目。

妖怪学是明治年间井上圆了首倡。这位"妖怪博士"到各地考察妖怪现象，撰著《妖怪学讲义》，似乎不少人误解，以为他大慈大悲，拥护并保护妖怪们，却原来井上的本色是哲学家、教育家，说"诸学之基础在哲学"，创立东洋大学的前身哲学馆，在日本近代化进程中破除迷信，动用科学来横扫一切牛鬼蛇神。和他并肩战斗的是近代医学，否定并消灭幻觉、幻听以及妄想所产生的妖怪。还有一位史学家江马务，以服装为中心研究风俗，也研究日本人心中的妖怪正体，著有《日本妖怪变化史》。岂止妖怪不存在，他认为议论其存不存在也是多余。

井上圆了、江马务的言说激发柳田国男也致力于妖怪研究。仿佛与井上妖怪学对抗，他不把妖怪当作迷信，不以消灭为前提，从民俗学的角度探究日常生活中相信的妖怪及其社会背景、妖怪信仰的传承与演变、对精神生活及社会生活的影响等。柳田国男的妖怪研究集成《妖怪谈义》一书，后世研究者基本沿着他的路子走，乃至可以说柳田国男真正是所谓妖怪学的起点。经济大发展，上世纪八十年代以来人们像乡愁一般对妖怪又发生兴趣，逐渐形成妖怪热。民俗学、社会学、民间文学、宗教学等研究领域都把它列为一个小课题。科学进步到今天，用破除迷信来反对妖怪似未免小题大做。好像"妖怪学"也被我们随手拿了来，但实际上日本至今未形成这么一门学问，正如日本有出版学会，却并没有作为学问的出版学。一九九五年以水木茂为首的圈子成立了一个"世界妖怪协会"，有搞博物学的荒俣宏，写小说的京极夏彦，不过是同好之集罢了。

妖怪有两类，一类是农村或城市的民间传说，属于活见鬼；一类是文学和艺术的创作，再可怕的妖怪也是美。《妖怪谈义》里面的"妖怪名汇"收集了各地流传的妖怪名称，并简单说明。水木茂在《妖怪画谈》后记中写道："柳田国男他们的东西有魅力，非常有意思，但没有形，所以我全都创作了。"水木茂充分利用民俗学资料的采集与研究，将其成果视觉化，有形有色，千奇百怪，但归根结底是他的想象，画出了他认为是妖怪的模样。

二〇一四年水木茂出版《定本日本妖怪大全》，收录八百九十五幅妖怪画，图文并茂，每图都附有解说。从一九六六年算起，画鬼五十年，用他的话来说，此书厚得可以当枕头。这是一部妖怪图鉴，"千"鬼夜行。江户年间博物学勃兴，在这个背景下兴起给妖怪一个个画像。当时各个画派都大画百鬼夜行图，集大成的是浮世绘师鸟山石燕；青出于蓝，喜多川歌麻吕是他的弟子。鸟山石燕画妖怪，既有绘卷式，也有图鉴式。如果说长幅的绘卷好似妖怪的集体合影，那么，图鉴式就是标准像。图画的解说是水木茂研究妖怪的心得。例如"恙虫"，江马务在《妖怪变化的沿革》中写道："齐明天皇朝也曾出了叫'恙'的虫子，刺杀人，这也是一种妖怪。"水木茂不仅把它画将出来，而且指实了妖怪的出处，吸血，为害人畜。还写道：请人来消灭了恙虫，于是把平安无事叫"无恙"。明人陈继儒的《眉公群碎录》中记有类似的说法："恙，毒虫，能伤人，古人草居露宿，故晨早相见而劳，必曰无恙乎？"

"涂壁"类似我国的鬼打墙。这个名字出现在柳田国男的《妖怪谈义》里，江户时代的绘卷把它画得像狮又像犬，三只眼。涂壁是水木茂的妖怪漫画代表作《鬼太郎》中的人物（妖物？），一个有眼有手脚的方块儿，妖术是推倒敌人压碎，或者涂进身体里。二战时水木茂应征入伍，在新不列颠岛被敌机炸伤，医生不用麻药切掉他的左臂。他说到自己的体验：在南方战场上被偷袭，一个人在黑暗的森林里摸索，走到一处就怎么也走不过去了，好像前面有一堵墙——"涂壁似乎是在人惊慌失措时出现的妖怪"。水木茂的故乡鸟取县境港市把一条商店街命名为"水木茂路"，塑造了一百五十多个妖怪像，招徕游客，其中有涂壁和滑瓢。滑瓢是秃头，这种做出家状的妖怪叫"入道"。

二○一七年大学统考的历史试题有一道关于"最近动画片里可爱的妖怪增多的背景"，例举水木茂的两种妖怪"新涂壁"和"新滑瓢"。看来妖怪已然是日本人的基本教养，虽不免匪夷所思，但知彼知己，以利友好，看来也需要翻一翻《妖怪大全》什么的。

厉鬼推日

历史的车轮滚滚向前,我们都知道,那是人民推动的——"人民,只有人民,才是创造世界历史的动力"。打了败仗以后,好些日本人也有了这种史观,只是把创造侵略历史的动力完全推给了军国主义一小撮。毕竟是日本,见仁见智,也可以有各种看法,例如有个叫井泽元彦的,主张日本的历史是"怨灵"推动的。

何谓"怨灵"?井泽说:人死于非命,不幸而亡,若变作"怨灵",就会对人世施加坏作用。译成中国话,何止是冤魂,分明是厉鬼。被称作"天才学者""怪人学者"的小室直树也赞同厉鬼作祟的说法,说:日本史重大局面总是被厉鬼左右,抛开厉鬼就搞不懂日本的历史。

能变成厉鬼,被活人祭祀,伏惟尚飨,民俗学家柳田国男认为须具备两个条件:一是生前地位高,或者有什么出色的才能;再是被处以流放或死刑,留下执念。像我们的窦娥,在日本算不上厉鬼。最有资格的是屈原,但他不为害人间,所以人们对于他,与其说是祭祀,不如说是纪念。关羽倒是成了神,却是保佑世人发财的。周武王灭殷,并没有斩草除根,把遗族移封宋国,供养阴魂,这应该是厉鬼信仰的原型罢。

厉鬼作祟本来由民俗学提起。人能像植物枯死那样自然地死去是最好的,夭折、病故、被暗杀或处死都不是完美的死,冤魂就不去该去的地方。这冤魂好似半成品,怀恨自己未完成,还不能完全成为死人,试图复活,给活人以恐怖。活人想方设法阻止其复活。哲学家梅原猛拿来冤魂以至厉鬼的概念,当然并不是相信它存在,而是把人们对厉鬼的恐惧、信仰及安魂的意识跟历史相结合,从日本人的精神层面解读日本历史,被称作厉鬼史观。奈良有一座法隆寺,始建于七世纪,那里的西院伽蓝是世界上现存最古老的木建筑群，旅游奈良值得去看看。一九七二年梅原猛发表《被隐藏的十字架》，语出惊人：当权者恐惧圣德太子的厉鬼，重建这座法隆寺，是为他安魂。一九七三年出版《水底之歌》，又标新立异，论说柿本人麻吕死于刑罚，变成了厉鬼。

梅原猛年届九十，自一九九二年在《东京新闻》上连载随笔，一周一篇，迤逦至今，打算写到死。日本人的这种持之以恒真令人佩服，有这种忍与韧，才可能卧薪尝胆。岁月不居，这期间首相换了十五六个，但报纸照样办，梅原猛照样写，也许新首相又被他拿来当题材。他把二〇〇五年一月至二〇〇七年四月发表的部分结集，由文艺春秋出版，就叫作《神与厉鬼》。自道：当时被很多学者反对，而今在媒体及学界几乎已成为定说。一九八〇年，时为记者的井泽元彦依据《水底之歌》创作了一个很穿越的历史推理小说《猿丸幻视行》，获得江户川乱步奖。一九八五年转身当作家，自一九九二年撰写《逆说日本史》，类似松本清张的《清张通史》。所谓逆说，就是唱反调，立论不费事，自圆其说则基本靠推理。在大众社会讨生活，唱反调、出怪论是最简便的媚俗手段，招揽粉丝全不费功夫。把学者的论说加以通俗化，自有普及之功，却也庸俗化。井泽元彦"丰富和发展了"梅原猛学说，弄得梅原猛苦笑，说"你把我没解释的地方都解释到了"。

譬如参拜靖国神社这件事。井泽元彦认为厉鬼信仰是日本古来的信仰，遗留到近代、现代，靖国神社也是明治政府担忧前途才祭祀厉鬼的。小室直树听了，当面夸奖他：这应该是你的发明。小室接着说："衔恨而死的恶灵在靖国神社被当作英灵祭祀，被国民感谢，因此转化为保护国家的善灵。这就是靖国神社的逻辑。"小室以前曾写到战败后昭和天皇不说那场战争搞错了，也是因为说这种道歉话，为"圣战"而死的人们就会变成厉鬼作祟。这些解释听来挺有趣，但或许首相们担心这么说，一部日本史就变成闹鬼的历史，所以还不曾拿来当借口。

古时中国人给日本起名叫倭，记载"乐浪海中有倭人，分作百余国"。八世纪初元明女皇在位的时候觉得不好听，改"倭"为"和"，而且用两个字，又加个"大"字，就叫作"大和"。可见当初这个"和"并非取平和、和谐的意思。圣德太子制定十七条宪法，第一条"以和为贵"。井泽元彦说：这位圣德太子发现了佛教、儒教、基督教都没有的和的思想，而和的思想即来自厉鬼信仰。战争是你死我活的，非分出个胜败不可，败者抱怨而衔恨，就变成厉鬼。为了压根儿不产生厉鬼，日本重视和。

历史上到底有没有圣德太子这么个人物，并无定论。据说他是用明天皇的皇子，出生在马厩前，取名厩户，那一年可能是公元五七四年。从小信佛，跟崇佛派的苏我氏灭掉反对接受佛教的物部氏。大约十九岁时崇德天皇被暗杀，推古天皇即位，这是日本历史上第一个女皇。圣德太子摄政，为日本国的定型做出伟大的政治业绩。制定冠位十二阶（用帽子的颜色区分官职大小），派出遣隋使，又颁布十七条宪法，"以和为贵"、"笃敬三宝"（佛、法、僧）。修建佛寺，使佛教文化在日本兴隆，以致说他是中国南岳慧思禅师转世。不过，他不是和平主义者。执政即委任胞弟为将军出兵朝鲜半岛，但才到日本海边上这位皇子就病倒了，不久身亡，再起用另一位皇子，却又死了老婆，接连受挫，不得不罢兵。为攻掠海外，国内就需要以和为贵吧。有好多妃子，生了不少子女。六二二年病故。

也许是因为推古天皇太长寿，在位三十余年，圣德太子终于没当上天皇。他生前并不叫圣德太子，这个称呼最早出现在八世纪编纂的汉诗集《怀风藻》当中。日本历史上有六位天皇的谥号里有德字，都属于非正常死亡。这个德，既非佛教的"圣德无量"，亦非儒教的"天下有德者居之"。所谓万世一系，当天皇的绝对条件不是德，而是血统，即天照大神的子孙。谥以德字，是一种安魂法。圣德太子未死于非命，怎么也变成厉鬼呢？原来他死后二十二年，儿子山背大兄王争夺皇位，被权臣苏我氏袭击。据《日本书纪》记载，家臣劝他逃亡东国，兴师还战，但他不肯以一身之故，烦劳万民。全家自缢，断了香火。梅原猛说：圣德太子就变成日本历史上最大的冤魂。重建法隆寺，这是座咒术设施，圣德太子的厉鬼被封闭在救世观音像中，不可能作祟。日本现今祭祀圣德太子的神社有一百零五社，散在各地，不可谓多，但显示了信仰的抽象化与普遍化。

对于日本人来说，神无所谓善恶，而是有超人的强力，置之不理就为害，用酒食祭祀，使之转化为正能量。这就是神道。呜呼尚飨的厉鬼不仅有政治人物，还有文学、文化方面的大家。例如学问之神菅原道真、文学之神柿本人麻吕、戏剧之神市阿弥、茶道之神千利休，都死于非命。这似乎是执着于思想、献身于艺术的人往往逃脱不了的命运。他们往往鄙视权力，不肯被御用，成为政治牺牲品，冤魂化为厉鬼，使当权者恐惧，被祭奉为神，或成为某行当的始祖神。京都是政治权力的中心，冤魂厉鬼也就多，乌泱乌泱的，为抚慰并镇服它们，京都举行各种壮观的祭祀活动，形成了京都文化，也成为日本文化的特色。譬如八坂神社的祇园祭，正名是祇园御灵会。桓武天皇把早良皇太子流放淡路，立嫡子安殿亲王为皇太子。早良在前往淡路的船上愤激而死。桓武天皇晚年被早良的冤魂缠身，修建神社为他安魂。祇园祭就是为早良以及平安时代初那些无辜被流放的人安魂，当然，如今已完全是一种招徕游客的观光活动。

平安时代（八世纪末至十二世纪末）四百年间厉鬼横行，朝廷的阴阳寮负责安魂。近年借漫画、影视出了名的安倍晴明就是位阴阳师。阴阳道是大杂烩，以易经的阴阳五行说为基础，掺杂了空海和尚从大唐取回来的密教以及《宿曜经》（印度占星术汉译），还有儒教的谶纬说、日本固有的民间信仰，用来降伏厉鬼。日本有三种神社为数最多，即稻荷神社约两万座、八幡宫约一万五千座、天满宫一万余座，分别管五谷丰登、武运长久、学问及考学。天满宫祭祀菅原道真，如今他以中止遣唐使一事特别受日本人推崇，在平安时代是一大厉鬼，而且为学术界一致认可。道真出身于书香门第，对政治体制不满，主张引进中国科举制，不拘出身用人材。得宠于宇多天皇，破格晋升为右大臣（右丞相），遭皇亲国戚的藤原氏忌恨。宇多天皇退位，醍醐天皇继位，左大臣（左丞相）藤原时平构陷他谋划用女婿篡位。道真被谪迁，凄凄惨惨，两年后死在大宰府。二十年后醍醐天皇的皇太子暴卒，谣传是菅原道真的冤魂所为。醍醐天皇赶紧丢掉了惩处道真的诏书。两年后皇孙又死了，五年后雷击清凉殿，劈死了几位大臣。醍醐天皇吓出病来，匆匆让位，一命呜呼。害怕菅原道真这厉鬼，人们在京都的北野祭祀他，尊称天神，修建大神殿。最终被追封正一位，居万人之上了。用井泽元彦的话来说，"让厉鬼心情舒畅，这就是使日本文化发达的动力"。道真爱梅花，北野天满宫是雪中赏梅的好去处。

《古今和歌集》序言写明敕撰于九〇五年，却收有此后的作品，为什么非说成这一年不可呢？原来菅原道真就死在两年前，集里收有他两首咏远谪边地的歌，所以梅原猛说："《古今和歌集》的敕撰不是与道真的厉鬼安魂深有关系吗？"这个安魂好像不大有效果，四年后藤原时平三十九岁暴卒，道真的厉鬼作祟越来越厉害。

大概比《古今和歌集》早一百年编纂的《万叶集》也是用来安魂的。"万叶"是什么意思呢？说法不一，或曰所收的歌多如树林的叶子，或曰叶即世，意思是"年寿有时而尽，荣乐止乎其身，二者必至之常期，未若文章之无穷"（曹丕《典论》）。柿本人麻吕是后世歌人敬奉的歌圣，和歌之神。梅原猛主张：柿本人麻吕被处以流放之刑，溺毙，属于冤魂厉鬼，把他的歌置于《万叶集》的中心（依梅原猛之说，其中收录柿本人麻吕的歌多达四百五十首）也是安魂之意。安殿皇太子即位，为平城天皇，也被早良皇太子的冤魂缠身，多病。《万叶集》本来是大伴家持私底下编纂的，八〇六年平城天皇将其变为敕撰，给早良皇太子、柿本人麻吕以及大伴家持安魂（大伴家持死后，尸体跟着他的儿子被处以流放）。柿本还变成水难之神，遣唐使船在海上遭遇风暴就吟诵他的和歌，祈求平安。后来又被奉为火灾之神、疫病之神。

十一世纪初有一位女子紫式部用假名写作了《源氏物语》。民俗学家折口信夫指出，《源氏物语》是给厉鬼安魂的故事。有个叫六条御息所的女人，是源氏的情人，为人高傲，后被源氏疏远，冤魂作祟，她就是这个故事的中心。她的生灵（活人的冤魂）杀了源氏的恋人夕颜、前妻葵上，死灵使后妻紫上烦恼，爱妃女三宫犯错。紫式部服侍一条天皇的皇后彰子，彰子的父亲藤原道长是三代天皇的老丈人，位极人臣，就是他庇护紫式部搞文学创作，不仅提供昂贵的纸墨笔砚，而且热心当《源氏物语》的第一读者。主人公源氏是皇子，降为臣籍，赐姓源氏，而敌手的原型是藤原道长。书中把源氏写成好人，藤原被写成坏蛋，源氏战胜他，当上"准太上皇"。藤原居然支持人抹黑自己，为什么呢？无他，这是用小说给厉鬼安魂，以免他为非作歹。井泽元彦说："《源氏物语》是厉鬼信仰的产物，换言之，正因为有厉鬼信仰，处于世界文明周边地域的日本才产生了世界第一部'长篇小说'。"在井泽看来，近乎纪实的《平家物语》也是极尽荣华而忽喇喇没落的平家一族的安魂曲。日本的文学，和歌也好，物语也好，都关乎为厉鬼安魂。古老的神乐本来是安魂的艺能，市阿弥创造的能乐也继承了神乐的这个传统。

我们旅游日本，若游到樱花胜地上野公园，会看见一尊西乡隆盛的铜像，硕大的头颅，牵一条狗，狗是萨摩犬，据说已绝种。或许要奇怪，西乡不是惹起了一场西南战争的"大坏蛋"吗？莫非日本人真的惯于把过去付诸流水，不计前嫌？虽然不是造天皇的反，而是反政府，也属于叛逆。为推翻幕府，萨摩和长州两藩拥戴天皇，复辟王政。萨摩藩下级武士出身的西乡在这个阶段是功臣，被列为"维新三杰"之一。因政变下野，返乡办学。明治十年（一八七七）率学生暴动，搞了一场西南战争，这是日本最后的一场内战。兵败自刎。正好这一年火星接近地球，光耀异常，民间传说，望见身着陆军大将戎装的西乡端坐星光中。浮世绘也竞画西乡星，流行一时。大概担心这个冤魂变厉鬼，明治二十二年颁布大日本帝国宪法时天皇大赦天下，给西乡恢复名誉，赐后代侯爵。旧友们为他立像，上野那里是阴阳道所说的鬼门，厉鬼摇身一变守护大东京了。安魂是胜者处置败者的政治手法，并借以收服人心。当然，若不怕鬼及其故事就不必给历史平反。

总之，今天的人不能用今天的想法看待古人，我们中国人也不能用中国人的想法看待日本人，匪夷所思是正常的吧。

以和为贵

圣德太子在日本无人不知。最古老的正史《日本书纪》记述了他的伟大形象，大致是这个样子：

五三九年到六二八年近百年间有五位天皇，依次是钦明、敏达、用明、崇峻、推古，后四位都是钦明天皇的儿女。圣德太子是用明天皇的次子。父母是同父异母的兄妹，用明天皇死后母亲又嫁给圣德太子的同父异母的长兄，那时候日本就这样。不知为什么，这位皇后临盆在即还巡行禁中，就把圣德太子生在了马厩门口。生而能言，长大了能同时听十个人诉讼（这就是兼听则明？），而且能预知未来，所以叫"上宫厩户丰聪耳太子"。

用明天皇得病，诏群臣曰：朕打算皈依三宝，爱卿们议议。群臣入朝而议。权臣物部守屋大怒：我们有"国神"，为何敬"外神"。天皇崩，大臣苏我马子讨伐物部守屋，守屋是马子的大舅哥。十五六岁的圣德太子"束发于额"，跟在苏我军后面，见屡攻不克，匆匆用木头制作了四天王像，信誓旦旦："今若使我胜敌，必当奉为护世四王，起立寺塔。"果然得胜，于是造四天王寺。寺在大阪市，几度焚毁，如今人们游览的殿宇是第二次大战后重建的。

有人献山猪，崇峻天皇说：何时才能像砍断猪脖子一样砍断我讨厌的人。苏我马子得知大惊，谋杀了天皇，敏达天皇的皇后继位为推古天皇，这位三十九岁的女人成为日本历史上第一位女帝，比武则天早一百年。她"立上宫厩户丰聪耳皇子为皇太子，仍录摄政，以万机悉委焉"。这段文字大概是取自海那边的唐朝，李世民杀了太子和齐王两兄弟，高祖立他为皇太子，诏曰："自今军国庶事无大小悉委太子处决，然后奏闻。"

圣德太子卒于六二二年，五十年后天智天

皇崩，某地惊现小鸡四条腿。天智天皇的弟弟大海人皇子起兵，这就是日本史上有名的壬申之乱。天智天皇的儿子大友皇子（也有说他当了半年多天皇，明治年间追谥为弘文天皇）兵败自缢。大海人皇子即位为天武天皇。皇子舍人亲王奉诏编修《日本书纪》，汉文纪传体，七二〇年脱稿，从神话时代迤逦记述到持统天皇朝。持统天皇是天武天皇的皇后，天武天皇死后继位。一般认为日本历史从天武天皇以后才较为明白。

史学家津田左右吉说，中国正史不可信。不消说，他的意思也不是《日本书纪》就可信。推古女帝比圣德太子长寿，五九二年至六二八年在位，几乎与隋朝（五八一～六一九）相始终。六三六年成书的《隋书》对倭国也略有记述。据之，"王妻号鸡弥，后宫有女六七百人"，那么，倭王即天皇就该是男性。到底信谁呢？好像日本史学家多是信《隋书》。隋三世而亡，三十余年间日本数次派出遣隋使，而隋朝也曾"遣文林郎裴清使于倭国"。《日本书纪》不讳李世民之名，记他为裴世清。东汉末年，倭国大乱，共立卑弥呼为王，这女子"罕有见其面者"，能以鬼道惑众，把国事交给男弟佐治，日本的结构从此就是二重的。被神化的天皇似乎不需要政治权力，需要的是权威。看《日本书纪》所记，好像裴世清是在大门外"两度再拜"，没有跟倭王照面，但《隋书》记载，"其王与清相见，大悦"，还客套了一番，那么，即便倭王"黥臂点面文身"，裴某也不至于看不出男女吧。莫非这倭王是摄政的圣德太子代理，演了一出戏？此事属于死无对证，却似乎也表明日本自古就是个让人摸不清搞不懂的民族，倒也未必是我们不用心研究它。总之，《隋书》只字未提倭国有一个执掌大权的皇太子。

倭与隋的交往算不上融洽，先是他们讲风俗，什么"倭王以天为兄，以日为弟，天未明时出听政，跏趺坐，日出便停理务，云委我弟"，让隋文帝哭笑不得，斥之"太无义理"；再是国书上写"日出处天子致书日没处天子，无恙"，又让隋炀帝觉得无礼，不悦。但他也没计较，第二年就派遣裴世清率团回访。不少日本人却大为兴奋，认为这句话是圣德太子写的，敢于跟大隋皇帝平起平坐，真是长日本威风。不过，也有人笑笑，譬如谷泽永一，他说：翻遍日本古籍，哪里也没有这句话。连制造圣德太子传说或神话的两本典籍《上宫圣德法王帝说》和《圣德太子传历》也没有此说。以朱子学为国学的江户时代，文化人当然都知道《隋书》上的这句话，但如此不知礼的说法叫他们脸红，简直是国耻。《日本书纪》编撰者的汉文水平自然高过一百年前，所记的国书写作"东天皇敬白西皇帝"，就显得懂礼貌了。

圣德太子的一大圣业是"亲肇作宪法十七条"，全文约千字，博采中国文献，其汉文水平在《日本书纪》中也确是奇葩。江户时代有个叫狩谷棭斋的考证学家最先起疑，这宪法不是圣德太子之作。津田左右吉也早就主张十七条宪法是《日本书纪》编撰者伪造。哲学家梅原猛认定是圣德太子的手笔，因为能够把山寨做得跟真的一样，那只能是了不得的名人，大概圣德太子在高丽僧慧慈之类高人协助下制作的。

十七条宪法第一条劈头是"以和为贵，无忤为宗"。《论语》有"礼之用，和为贵"，但近年来我们中国人也挂在嘴上,却像是"逆输入",学习日本所独有的优秀精神呢。去掉"礼之用","和为贵"就变质为一般见解的命题。谷泽永一说:"这一手被以后的日本人最喜欢。此做法叫断章取义。汉日辞典等解释这手法,是不顾诗或文的整个意思,只摘取对自己有用的部分,按自己的随意解释来应用云云,几乎要脱口说不妥,但就是靠大用特用这一手,我国的学问及思想向独创发动了引擎。引进外国文化,要是光留心整个文脉,到头来就彻头彻尾跟那个国的人一样了。也许需要有学者到这种地步,充当文化的中介,但我们一般人始终是日本人就行了。"又说:"把和这个字无限扩大,认识为世间的规矩、人的规矩、政治的规矩是日本的传统。但日本人相当的随机应变,虽然在顺应时潮,旗号却总是和。"

"无忤"也出自中国典籍。即便是盛赞十七条宪法的人也向来不爱提"无忤为宗"这四个字。无忤,就是不违逆,顺从才能和,这两句是前因后果,相辅相成的。日本人顺从自然,顺从领主,顺从天皇,及战败后对美国占领军也丝毫不违逆，都不是为了和，而是无忤使然。无忤倒像是日本人的天性，和就是这种天性在现实中呈现的景象。宪法十七条，好像日本人只记住以和为贵，对于他们的思想形成颇重要。人是要有一点精神的，精神非天成，而是人造。因时制宜地创作各种精神，如武士道精神、雷锋精神等，倘若持之以恒，就可能被当作传统的民族精神。

谷泽永一不仅认为十七条宪法是杜撰，而且根本不承认有圣德太子这么个人。他是大阪人，评论家、书志学家，可冠以著名二字的，二〇一一年去世了。好像在社会上被划为右翼，但特立独行，我向所佩服。他的那位盟友渡部升一时常以过激为卖点，就令人讨厌。二〇〇四年谷泽出版一本书，叫《圣德太子不存在》。"圣德太子不存在，早就成了学界的常识"，那他为什么还写了这么一本书呢？况且他也不是搞历史的，虽然可能比他推崇的历史小说家司马辽太郎少一些小说家言。原来在他看来，"圣德太子是虚构，这个知识好像还未必能说在世上广为普及了"。或许一般人并不要去分清史实与传说，多数学者也不愿拆大众的台，戏就照旧演下去。据《日本书纪》所记，钦明天皇在位的五五二年，百济圣明王遣使"献释迦佛金铜像一躯，经论若干卷"，天皇"欢喜踊跃"，但苏我氏崇佛，物部氏排佛，两派对立，发展为战争，圣德太子闪亮登场。这段记述其实并不是日本的历史，而是利用隋唐末法思想的文献所编写的故事，好似中国佛教史的山寨版。《日本书纪》创作了一个圣德太子，无非说日本也出了圣人，就从思想上归属了大陆文化圈。

《日本书纪》称圣德太子为皇太子，未出现圣德二字。其实，那时候尚无皇太子制度，天皇的称呼也没有。水户藩主德川光国召集学者编撰《大日本史》（汉文纪传体，一九〇六年完成），"辑成一家之言"，对幕末尊皇思想影响甚大，正文也不用圣德太子之名。从史料来看，圣德太子这个叫法最早出现于七五一年成书的汉诗集《怀风藻》序文。大约十世纪初出现了一本汉文编年体的圣德太子传《圣德太子传历》，彻底把圣德太子传说化，后来流行开太子信仰。这本集大成的传记开篇道：用明天皇还是皇子的时候，"夜，妃梦。有金色僧，容仪太艳，对妃而立，谓之曰：吾有救世之愿，愿暂宿后腹。妃问：是为谁乎？僧曰：吾，就是菩萨，家在西方。妃曰：妾腹垢秽，何宿贵人？僧曰：吾不厌垢秽，唯望趁感人间。妃曰：不敢辞让，左之右之随命。僧怀欢色，跃入口中。妃即惊寤，喉中犹似吞物。妃意太奇，谓皇子。皇子曰：你之所诞，必得圣人。"百济派王子阿佐朝贡，礼拜圣德太子是"救世大慈观音菩萨"。

教科书或历史书籍上常见一幅圣德太子的肖像：两撇髭，几绺髯，持笏，腰挂一柄长剑，两旁各立一小人，是两位王子。构图类似阎立本的历代帝王图，传说是百济王子阿佐画的，也有说是中国人的作品。明治维新以后文明开化，废佛毁寺，法隆寺惨遭破坏，难以维持，把三百多件寺宝献给皇室，赏赐一万日元，得以维持寺庙。其中就有这幅画，一旦为皇家所有，多么贵重的宝物也不列为国宝。经济大发展的一九五八年发行万元大钞，印上圣德太子的这个头像。一九八二年有人提出他不是圣德太子，或许此说所致，一九八四年用福泽谕吉取代。现行教科书的图片说明也改为：传为圣德太子。四天王寺藏有圣德太子亲笔书写的《四天王寺缘起》，国宝，也早已判明是伪托。

武士的忠诚

那是一九三五年,甲午战败四十年后,周作人写道:

> 普通讲到日本人第一想到的是他的忠君爱国。日本自己固然如此说,如芳贺矢一的《国民性十论》的第一项便是这个,西洋人也大抵如此,小泉八云的各种著书,法国诗人古修的《日本的印象》都是这样说法。我以前很不以为然,觉得这是一时的习性,不能说是国民性。据汉学家内藤虎次郎说,日本古来无忠孝二语,至今还是借用汉语,有时"忠"训读作 Tada,原义也只是"正"耳,因此可知这忠君之德亦是后起,至于现今被西洋人所艳称的忠义那更

是德川幕府以后的产物了。

先说下训读与音读。日本从大陆拿来汉字，有两种读法：一种是连字带音都拿来，模仿本家的读法，即音读；再是只拿来字，读若相同或相似意思的日本语，即训读。例：山字训读为 yama，音读为 san。汉语的发音因地或因时而有变，先后传入日本，以致一字多音。若音读分不清哪个字，例如山和三，不妨用训读来明确。中文则一音多字，譬如网上见一句诗"当年忠贞为国酬"，这酬字也有作愁或筹，莫衷一是。网上还流传短文，全篇用字几乎读一个音，惊叹之余，也不禁怀疑这正是汉语的短处。一般来说，某词语只有音读而没有训读，是因为日本原没有那事物，例如马，只有音读，起码在陈寿写《三国志》的年代，"其地无牛马虎豹羊鹊"。周作人也举过例子："茶字本系音读字，唯因日本原无此物，即无此训。"

要说的是忠。周作人所言距今已有八十年，但说及日本人，我们还是不由得想到他们的忠。忠，确实"算不得一国的特性"，不过是政治的煽动与训练,哪怕到了三忠于四无限的程度,也只是"一时的习性",树倒猢狲散。你方唱罢我登场,哪朝哪代当权者都威逼利诱民众献忠心,于是忠字连成串,就持续不断似的了。西洋以及东洋所称羡的日本人忠君以及忠义之德究竟起于何时呢?

唐纳德·金是美国的日本文学研究家,写过日本文学史等著作,名气大大的。三年前日本东部发生大地震,他迅即以九十高龄入籍,永住日本,把西式姓名倒过来写,用汉字谐音为"鬼怒鸣门"(两处地名)。他说:

> 读日本史,从源平时代到战国时代有各种各样的会战,到底靠什么决出胜负呢?好像是背叛。要是在中国,那就是我方按孙子兵法进攻,方法巧妙,所以获胜。可是在日本,好像最具决定性的瞬间差不多都是有叛徒,由于倒戈投敌,或胜或败。坛浦之战或者关原之战不都是这样吗?对于日本人打仗的取胜方法、落败态度,我难以理解。

我们也不禁跟着唐纳德·金诧异："如果日本完全没有'忠义'的观念，那就不大惊奇，可是在'忠义'被格外喧嚷的国家老是有叛变，不是很奇怪吗？"

坛浦之战和关原之战是两场世纪之战，决定了历史走向。套一句被说得俗不可耐的话，历史是不能假设的，倘若假设，假设没发生过这两场战争，今日日本会什么样呢？坛浦属于山口县下关（古称赤马关），是关门海峡最窄处，一桥飞架，桥边立一块石碑，上书"坛浦古战场址"。当年李鸿章就是在这附近签署马关条约，割地赔款，让日本立马富国，得以强兵，打赢了下一场日俄战争。这是后话。

平安时代（八世纪末~十二世纪末，我大唐至南宋年间）末叶，贵族权势式微。武士本来是贵族社会的雇佣兵，乘乱世兴起，形成源氏和平氏两大武装集团。源义朝被平清盛击败，其子源赖朝年少，免于一死。平清盛逐渐掌控了朝政，嫁女给天皇生子，三岁就拿他逼宫继位，是为安德天皇。此举招致内乱，雌伏二十年的源赖朝乘机起兵，各地响应。平氏逃离京都，源赖朝的弟弟源义经领兵追杀，一一八五年三月二十四日两军在坛浦决战。平氏曾垄断与宋朝的贸易，水军横行濑户内海，而以东日本为据点的源氏几乎没有水军，海上决战处于劣势。平家军有八百艘船，源家军只有三百艘，源义经策反与平氏联姻的熊野水军。决战在即，熊野水军二百艘船投奔源家军。平家军主力阿波水军见战局有利于源氏，三百艘船阵前倒戈。平家军大乱，祖母见大势已去，抱着八岁的安德天皇投海，找波涛底下的都城去了。平氏灭亡。或许接受了平氏贵族化的教训，源赖朝远离朝廷，在镰仓开设幕府，执掌天下，一部日本史从此按幕府划分时期。

源赖朝笼络武士，有一个与众不同的方法：跟着我，立下战功就分给你土地。主君给家臣以恩惠、保护叫"御恩"。以往武士开垦了土地也要归贵族所有，现在能属于自己了，为御恩而跟从。家臣为主君服务、效忠叫"奉公"。御恩与奉公构成了主从关系，并作为封建制度的支柱贯穿于武士社会。史学家家永三郎主张，这是一种交换关系,主子施恩于仆从,仆从效力于主子。与欧洲封建制相比,主从之间对等性和双务性很稀薄。奉公是义务,以上阵赴死为第一,平时则忠勤,如警卫、修建。论功行赏,先有奉公之功,才会有御恩之赏,两者并不是平行。有"司马史观"之称的历史小说家司马辽太郎这样说:"说狗的忠不大好,但对于直接给它吃食的人,或者那家的主人,狗是效忠的,对外人就吠叫。这大体是镰仓武士的忠的原型吧。变成了江户武士以后,儒教的忠的内容就非常繁难了,但战国时代很难找到忠的思想。"

一六〇〇年九月十五日,德川家康统帅的东军与石田三成的西军在关原(今岐阜县西南端)进行了一场决战,史称"关原之战"。司马辽太郎常爱讲一个故事。明治十八年日本设立德国式的总参谋部,邀请一位德国陆军参谋访日,领他游览关原古战场。参谋大致听了两军的布阵,认为"石田一方胜"。日本人说:"不,石田一方败了。"参谋官说:"那怎么可能!从布阵来看,石田一方是胜利的态势,为什么败了呢？"日本人说明了幕后活动。参谋官说：那就没法子了。

织田信长、丰臣秀吉相继丧命，轮到了德川家康争霸天下。石田三成以家康无视秀吉托孤的六岁儿子秀赖为名，起兵膺惩，是为西军。以江户为据点的德川军为东军。秀吉的旧臣并不忠于他的遗训，东西双方先就展开了一场幕后拉拢战。家康给一百零八个武将写了信，约定施恩封地，有九十九个愿意效忠。三成也写信，却只能晓以奉公的大义，不能替秀赖诱以御恩。家康要攻陷三成据守的大垣城并非易事，这时西军的小早川秀秋派来了使者。秀秋是秀吉的养子，秀吉有了儿子秀赖冷落了他。家康拒而不见。秀秋第三次遣使，家康允诺事成之后封给他两国领地。翌日决战，但家康之子秀忠率领的主力迟迟不到，家康手下只有些反三成的乌合之众，不足以信赖。幸而身为西军统帅的毛利辉元遣使密告：虽不能反戈，但也不在阵前为敌，于是相约战后不改变毛利家领地。家康只能赌一把，率七万大军与三成在关原对阵，三成的八万大军中毛利的三万兵马驻足不动，小早川也只是观望。战局陷入胶着状态，德川下令向小早川阵地开火，小早川这才定下心临阵倒戈，率万余军队从侧面攻打西军。西军大败。关原之战在世界历史上也算是一场大战役，但上午西军胜，下午东军胜，作为战役没什么看点，小早川秀秋摇摆于东西之间更像是一场活报剧。家康得胜后重新分封领地，建立德川政治体制，奠定德川幕府二百六十年的基业。

战后小早川秀秋赶紧给自己的名字改为秀诠，"诠"读若"秋"，换字不换音，或许有换汤不换药之意。传说冷不防被他击溃的武将大谷吉继自刎之际，大骂小早川人面兽心，变厉鬼作祟三年。翌年小早川一命呜呼，享年二十一。江户年间绘师月冈芳年给小早川画了一幅浮世绘，只见他惊回首，身后立着一厉鬼。小早川墓在冈山的瑞云寺，一九七〇年出生的史学家矶田道史上小学的时候去看过，杂草丛生。冈山本来是受命于丰臣秀吉的赞襄政务顾命五大臣之一宇喜多秀家的领地，小早川反戈一击有功，受封为城主，旅游指南上说他在短短时间里颇有政绩，但那些沦为浪人的宇喜多家臣对他要恨之入骨吧。如今瑞云寺焕然一新，新立石柱上镌刻着"冈山城主小早川秀秋公菩提寺"。难怪司马辽太郎说："会战最激烈的阶段必出叛徒，那些叛徒会千秋万代被当作叛徒谴责吗？不会的。"

江户时代诸侯国叫藩，藩的武士叫藩士。藩士是藩主的家臣，依附于藩主，被束缚在藩的领地之内，不能像孔夫子那样周游列国，到处找主子。若擅自离藩出走，脱离主从关系，将惩之以放逐，不仅没收世袭的俸禄、房产等，而且传檄各藩，列明罪状，不得录用或招募。对武士的刑罚，最重的是切腹，其次是放逐。江户时代有一个平贺源内，高松藩的下级武士之子，二十六岁时告病，被许可脱藩，成为浪人；浪人不再隶属于藩主，丧失庇护，变成丧家犬。平贺把户主让给妹夫，去江户学本草学。所谓本草学，不限于药学，进而发展为博物学。著有《物类品骘》，依据《本草纲目》《天工开物》等中国典籍，已带有转向西方博物学的迹象。学有所成，高松藩又召回他。几年后再度走人，藩府对他处以放逐。哪藩都不用他，放浪一辈子，生活困苦，本草学上也终未大成。盛夏的一天吃烤鳗鱼，防治苦夏，传说就是他给店家出的推销策略，市面上竞相效法，流为习俗。这种放逐的惩罚令武士胆寒，不敢跳槽也无槽可跳，看上去就像尽忠于一个藩主。日本上班族大都啃一个公司，吊死在一棵树上，或许根源即在此。

江户时代还有个"参勤交待"制度，大大小小的藩主按期轮番到江户伺候一年半载，由此确认并确立御恩与奉公的主从关系，集权于幕府。忠君不忠义，主子让他杀人就杀人，更没有舍身取义的观念。江户时代儒教在一定程度上把武士对主君（藩主）的个人性忠诚（忠君）转换为对"天道""天命"之类思想性原理的忠诚（忠义），主从关系趋于非人格化，渐变为君臣的身份性、制度性服从关系。对于无德君主的"反叛"正当化，成为明治维新的一个导火索。

白河法皇（天皇让位，削发为僧，叫法皇）严禁杀生，听说平氏的家人加藤大夫成家无视禁令玩鹰，命有司处置。成家说：违背主人平忠盛的命令，就会被处以重罚。源氏、平氏所谓重罚是斩首。若违背敕命，不过是监禁、流放罢了。对主子绝对顺从，这种主从关系超过了父子，孝也就不复存在。政治思想史学者丸山真男指出：武士的主从关系是"直接的、感觉的人格性相互关系"，是"私谊关系"。那完全是"以对主君的人格性忠诚为轴心的私党性团结"，是对顶头上司或主君的献身或忠诚，不是被更上级、更高层次的统治关系直接包摄的，也就是不忠于天皇。司马辽太郎的小说家言听来大概更生动易懂，他说："这很有意思。忠这东西只是在直接领薪水的主子和仆从之间成立。例如，德川将军家和萨摩的岛津家之间建立了形式上的主从关系，但那个时代的一般人不认为德川家和岛津家有主从关系，只认为岛津家加入了德川系统。就像子公司，没有对母公司的忠诚心，时代、时势到了就推翻德川幕府。不过，对于萨摩的武士来说，对岛津领主必须忠。那种忠也比较复杂，并没有画上画的那样忠。"小团伙加入大团伙，小团伙的兄弟只是对小团伙的头目忠诚，不忠诚于大团伙的头目。比起天皇来，日本人更尽忠于给他发薪水的老板。

幕末的志士们把忠诚的对象从藩主变为天皇,很是苦恼了一番。他们并不是简单地把对藩主的忠诚切换为对天皇的忠诚,而是促使藩主转向尊王,这就能忠孝两全——忠于天皇,"孝"于藩主。为使忠诚心集中于天皇,必须否定人格性主从关系的观念。一九〇〇年前后,现实中旧武士阶级的生活态度、规范意识趋于衰亡,却兴起被美化的山寨版武士道热,与随着日中、日俄两场战争而高涨的军国热合流。"忠君爱国"变成全民的武士道意识,这个君不再是藩主,而是天皇。忠君就是把封建时代武士对主君的人格性忠诚延长到天皇身上,而爱国,这是明治年间才产生的词语,得到了近代市民的支持。武士的忠心基于直接的人际关系,近代的爱国之心基于统治关系,忠君与爱国实质上互相抵触。一九四五年战败投降后,对天皇的忠诚几乎大部分又退回到忠于藩主,这回的藩主是公司老板了。

忠是顺从的代名词。不同于君臣,主从关系更具有私人性,虽然对主子的奉公也会转化为对权力或体制的忠诚。这种私人性的主从关系迄今在日本也随处可见,如传统艺能、手工艺以及黑社会。伦理学家和辻哲郎认为武士社会的主从关系是对君主的献身道德,克服利己主义,实现无我。不过,他所依据的资料全部是文学作品,把文学作品的描写当作了现实的武士社会习惯,过度美化。正因为现实中净是些装作献身的利己行为,无私之类的描写才产生文学效果,打动人心。实际上,人们对于武士之忠的认识基本上得自历史小说、武士小说以及影视剧,大半是想象的幻影。不仅日本人自己大加美化,我们的影视也帮着美化。日本人何曾那么忠,动不动拿刀切肚皮来着?全国上下齐刷刷转向,向美国大兵投降,欢迎被占领,真的是听从昭和天皇的一纸广播吗?只怕是人们早就厌战,心里早已不忠了吧。

福泽谕吉与明治维新

明治维新,这个词含有两个意思:狭义指1867年江户幕府第十五代德川将军奉还大政,明治新政府成立,天皇亲政,1868年发布"五条誓文"(明治政府的基本方针),富国强兵,所以今年是明治维新一百五十年(确切地说,是改元明治一百五十年),连中国媒体也跟着纪念,大概要当作他山之石;广义指日本创立近代国家的一连串过程,至于截止于何时,废藩置县抑或立宪体制之确立,众说不一。与明治维新有关的另一个词是福泽谕吉,我们中国人也久闻其名,广义的明治维新期间他堪称最大的启蒙思想家。

福泽谕吉的业绩主要在教育和著述。代

表性著作有《劝学》《文明论之概略》《福翁自传》。特别是《文明论之概略》，明确给时代提出理论性指针，对后世也产生不可估量的影响，屹然为近代日本思想史的经典。不过，据一位把此书翻译成现代日语的大学教授调查，他的学生里没有人读过福泽的著作。正因为是启蒙读物，而今读它不需要高度的知识和训练，但毕竟过去百余年，当时写得简明易懂，现今却变得佶屈聱牙了。明治时代的书还是满纸汉字，对于远远比日本人更坚持汉字传统的中国人来说，倒是别有亲切感，若略通古文，几乎可以用梁启超的"和文汉读法"读出个大概。

福泽谕吉出生于天保五年十二月十二日，换算为新历，是一八三五年一月十日，卒于一九〇一年，整个是十九世纪的人。父亲是中津藩（今大分县中津市一带）的下级藩士，驻在大阪为藩府经商，福泽就出生在大阪（古时写作大坂，传说明治政府看坂字好像是"士反"——武士造反，不吉，改作大阪）。父亲好儒学，福泽出生时他得到一本清乾隆年间的《上谕条例》，于是给儿子起名谕吉。一岁半时父亲病故，全家回到中津藩。他们说大阪话，被当作外乡人。中津藩是小藩,福泽是末子,父亲甚至想让他出家当和尚,或许有出头之日。福泽在《福翁自传》中回忆:"每当想起此事,我都愤恨封建的门阀制度,同时又体谅先父的心事,独自流泪。为了我,门阀制度是父亲的敌人。"自幼感受和经历的不平等是福泽谕吉日后极力主张平等与自由独立的内因。第一次出洋,他也留意美国人不知道总统的孙子是做什么的,这要是在日本,即使不知道"邻居是做什么的人"(芭蕉俳句),也不会不知道幕府将军的孙子。可见,出身不平等始终是郁积在福泽心头的一个情结。

1853年佩里率美国炮舰敲开了日本锁国二百年的大门,风云际会,特别是萨摩、长州两藩(萨长)的下级武士,如所谓维新三杰的西乡隆盛、大久保利通(另一杰木户孝允出自藩医家庭),大致和福泽同代,乘机突破身份等级,投身于推翻幕府活动。伊藤博文(生于1841年)比福泽小六岁,由于身份低,当年只能站在松下村塾门外听讲。他踊跃地火烧英国公使馆,又突然去英国留学,目睹英国的国力,惊骇得赶紧拥护开国论。如此善变,不愧为政治家。更有甚者,今年正在被日本"央视"播映大河电视剧的西乡隆盛忽官忽贼,变来变去。与勤王志士相比,福泽谕吉不是政治家,而是读书人,走的是学而优则仕的老路。

十多岁时用功读汉籍,尤其爱《左传》,通读十一遍。还作为武士,练就拔刀一击术。连乡下也听说佩里的黑船(船体涂黑漆的炮舰)闯进了日本,一时间举国谈"砲术",当家的兄长支持福泽去长崎游学,学习荷兰语,以了解"荷兰砲术"。转年到大阪进适塾,钻研"兰学"(通过荷兰语研读西方学问)。开办适塾的是日本近代医学之祖绪方洪庵,号适适斋。1858年福泽奉藩府之命前往江户,在中津藩"驻京办事处"的兰学塾担任讲师;庆应四年的1868年改称庆应义塾,后来发展为庆应义塾大学。

到江户翌年,游览并考察外国人居留地横滨,发现"英学"取代了兰学,荷兰话完全派不上用场,连招牌都不认得,懊丧之余,抱着字典自学英语。1860年江户幕府派遣使节团,咸临号护卫,福泽充当舰长的随从赴美国西海岸，大开眼界。归国后就任职幕府"外交部"，当了几年官。把在美国买来的广东语和英语对照的《华英通语》加上日语，刊行平生第一本书《增订华英通语》。

1862年福泽谕吉又作为翻译，随幕府使节团出使欧洲。途经香港时目睹英国人把中国人当猫狗对待，深受冲击。一年间历访各国，痛感需要在日本普及"洋学"。归国时伊藤博文们正火烧英国公使馆，攘夷论甚嚣尘上，他建言幕府征讨长州藩。1867年再度随团出使美国接收军舰，为时半年。三度出洋，"惊讶的同时羡慕之，难抑我日本国也实行之的野心"。福泽的能力主要是儒学教育所训练的头脑，和通过英学掌握的西方思想知识。接连出版《西洋事情》《西洋旅指南》等，以翻译为主，介绍西方新知识，启蒙各色人等。

1867年马克思出版《资本论》，在遥远的东方日本，幕府被打倒。福泽谕吉认定明治新政府是"守旧的攘夷政府"，拒不出仕。可志士们并非为藩主争霸，而是要借机上位，建立一个欧美式国家，所以掌权后变脸，由攘夷转向开国，这可教福泽始料所不及，也就不改初心。他在巴黎、柏林拍照，手持一把刀，这是武士的标配，明治维新后变成了一介平民。1892年撰写《瘠我慢之说》，说立国是出于私情，并非公心，大难当头，要知其不可为而为之，这就是"瘠我慢"，乃武士的美德。"杀人散财是一时之祸，而维持武士美德乃万世之要"。痛斥胜海舟和榎本武扬，在诸侯争霸之际，身为幕府的重臣，却一个主和，一个投降，不能为君主尽忠，与敌人并立于新朝，升官发财。人到暮年，福泽的壮心里仍然保留着武士道精神，为幕府已走上开国之路的覆灭长叹息。不过，福泽虽然不当官，却也曾应允替政府办报，只是因牵涉政争被爽约。1882年就此创办了自己的报纸《时事新报》，妄议朝政，这样的大V当然被警察置于监视之下。

与时俱进，福泽寻机从译介转向著述，建构自己的理论，"从根底上颠覆全国的人心"。恰好1871年回乡，与人合写《中津市学校之记》，倡导自劳自食，一身独立。若广布世间，其益亦应扩大。此后独自写下去，1872年出版

《劝学》初编，到1876年出版十七编，1880年加上《合本学问之劝序》（原题如此），合为一本书出版。序中自道，此书是"读书之余暇，随时所记"。连续出版《劝学》期间，福泽又撰写《文明论之概略》，从书名上也可看出两本书的读者对象是不同的。晚年出版《福泽全集》，绪言中有言：以前的著译主要引进西洋新事物，同时摒弃日本陋习，说来无异于把文明一段一段地零售。到了1874、1875年前后，世态渐定，人心渐熟，此时写西洋文明之概略，以示世人，诉诸儒教流故老，也能得到赞成，岂不最妙。《劝学》起初就是给学生写教材，而《文明论之概略》写给五十岁以上的读者。他们视力渐衰，从小习惯看粗大的版本，所以此书的版本采取古书样式，文字特大。后来出版活字版，与木版本并行于世，印数几万册，很多老先生来信予以好评。西乡隆盛也通读一过，并晓谕子弟阅读。

　　意在启蒙，首先要明确读者对象，这两种书分别达到了著书立说的目的。《劝学》十七编总计印行七十万册，其中初编不下二十万，再加上盗版，估计有二十二万册，当时人口三千五百万，算来一百六十个国民当中就有一人读初编，古来稀有。有意思的是，后来说法变成每编印行二十万，十七编合计达三百四十万册，流布全国。不管怎么说，它无疑是日本出版史上第一本超级畅销书。畅销的前提是江户时代以来对普及教育的重视，民众的读写能力之高，所谓文明古国也不能同日而语。中国的近代启蒙似乎多"概略"，少"劝学"，吃人血馒头治病的老栓小栓和阿Q小D祥林嫂不会读鲁迅的小说《药》。没有福泽谕吉那样的启蒙家，当然也不会有日本那样的国民。"启蒙"一语也带有上智开导下愚的封建性意思，上智作为现实主义者，自负能理性地看清现实。

"民权"论者受欧美政治制度及思想的影响，以开设国会为第一目标，宣扬国内民主主义之必要；"国权"论者深刻认识到欧美帝国主义的威胁，以修改不平等条约为第一目标，鼓吹国家独立。福泽谕吉则看清两者之间的关系，统而言之。一年间专心于读书与执笔，1875年出版《文明论之概略》。主要参考了法国史学家基佐的《欧洲文明史》和英国史学家巴克尔的《英国文明史》,而且本来有深厚的汉学素养,博引儒家典籍,随手拈来史书中的事例,以助理解。所谓文明论,开宗明义,绪言中写道:乃人之精神发达的议论,其趣旨不是论一人之精神发达,而是集天下众人之精神发达于一体,论其一体的发达。故而文明论或亦可称之为众心发达论。全书共十章,前九章搭建理论体系,最后的第十章写到和外国交际之难,以及对策,为现实政治谋划进言。此后又接连撰写《分权论》《通俗民权论》《通俗国权论》等理论性著作。

《劝学》是以初学者为对象的文明入门书,并不是学问。主要讲两个原理,一是人的平等。平等才可能自由独立。二是国家的平等,也就是独立。平等不但是个人的事,也是国家的事。至于两者的关系,在于"一人独立而一国独立"。福泽认为东方没有的东西,有形的是数理学,无形的是独立心。《文明论之概略》也讲了两个原理,一是需要文明,即人民的智和德进步,二是国家要独立。为实现对外独立，必须国内先文明。国之独立是目的，国民的文明是达成这一目的的手段。如果两者出现了矛盾，则文明为先，"不可拘泥于一国独立等之小事"。原则上个人的自由独立、人以及国的平等、文明的进展，其价值超越国家，甚至先行于国家的独立。但特殊情况下，事急矣，则万不得已，也应该把国家的独立当作第一目标。

文明是相对的，逐步发展的。福泽并不是简单的西方文明崇拜者，只是当现实地议论文明开化时，才认为西方文明可说是最好的。福泽的文明有两方面意思，也就是物质文明与精神文明。物质文明很容易采纳，而引进精神文明为难，但重要的是精神文明，他称之为"一国人民的风气"。《文明论之概略》中篇幅最大的是第九章"日本文明的由来"。文明的本旨在于上下同权，而日本文明的问题正在于权力不均衡。日本有政府无国民，日本人民不关心国事。遍及日本，无论大小或公私，人与人的关系都是上下关系，不存在平等相交。这是日本的国民性，似乎也是儒教社会的普遍现象。反抗者只要求均贫富,这样的社会构造就会是千古不变。

一个国家的存在是与其他国家相对而言,所以最重要的是外交,独立也是外交问题。福泽的一些论点具有普遍性,今日读来也令人认同。例如他认为,君主政治也罢,共和政体也罢,制度各有所长,也各有所短。叫什么名称,不过是人的交际之一。"果不便利,亦可改之,或无碍于事实,亦可不改之"。人的目的唯有达到文明一事,为达到文明,不可无种种之方法。随试之,随改之,经千百试验而有所进步,人的思想不可偏于一方,要绰绰有余。那么,谁也不能把自己的政治制度强加于他国。

政治思想史学者丸山真男著有《读〈文明论之概略〉》,上中下三册,篇幅相当于《文明论之概略》的三倍多(本来是二十五次读书会的录音记录稿)。据他说,由于悲悲惨惨戚戚的战败,人们痛切认识到重新从头学取近代自由的必要,一直以来名声很臭的自由主义者乃至个人主义的功利主义者福泽谕吉又要被叫回到舞台上来。战败后福泽的学说时来运转,政治学者取其民主主义，经济学者取其自由主义经济，教育家取其个人的自立，女性主义者也取其妇人论，不亦乐乎。

福泽谕吉身高一米七十三，体重六十七点五公斤，在当代日本人中间也算是大汉。好酒，适塾年代常去牛锅屋痛饮。死后土葬，1977年福泽家迁坟，掘地四米，只见贴了一层青铜的棺材里灌满地下水，他仰卧其中，变成了尸蜡。有人主张学欧洲，作为国家遗产永久地保存，但家属以及众多粉丝不想看伟人这一副模样，未加解剖，付之一炬。倘若真的给后世留下一具化作木乃伊的福泽谕吉，恐怕尊容也就不好印上万元大钞。或许因著有《帝室论》《勤王论》等，他颇受保守派敬仰，高踞日本最大的面值已有三十多年了。

坂上乌云

《坂上云》是长篇历史小说,自一九六八年四月二十二日至一九七二年八月四日在报纸《产经新闻》上连载一千二百九十六回,单行本由文艺春秋出版社出版,计六卷(廉价便携的文库版为八卷)。

这部小说是司马辽太郎"最上膘"年代(年富力强)的作品,被视为司马文学的代表作。评论家松本健一说:司马在真正意义上被叫作"人民作家",其实既不是写《龙马逝》大畅其销的时候,也不是写被很多文学家喜爱的《燃烧吧剑》的时候,而是写了取材于日俄战争的《坂上云》之后。

不过,小说家本人举出自己的两部作品,

举的却是《燃烧吧剑》和《空海的风景》。

曾慧眼识村上春树的文学评论家丸谷才一评价："即便在司马小说中，与取材于明治维新以前的东西相比，总的来说，处理近代日本的东西比较差。当然哪本书都有一部分优点，但作为整体，焦点暧昧，印象混浊。《坂上云》《殉死》《如翔》，我都深有这种感觉。"

确如松本健一所言：司马热充斥了"没有内容的追捧"，"那不是司马辽太郎死后开始的，从生前就开始了。追捧不是批评——对文学家的文学性评价，而是基于其他标准的作文，譬如政治意图或者搭他人气的便车"。

评论家是评论家，一般读者未必读他们、听他们。读书的乐趣不仅仅在于读，还在于自己去找书选书，或买或借。据说《坂上云》各种版本加在一起，销行二千万余册。从阅读史及影响史来说，司马用小说给读者造成的历史印象和意识是史学家远不能同日而语的。鼓吹改革历史课的藤冈信胜说他读了司马的书，历史观为之一变，变成了"自由主义史观"。

《坂上云》描写日本在明治时代兴兵并获胜

的两场战争,即日清战争(我们叫甲午战争)、日俄战争,主题是战争。关于书名,后记中写道:"这个长故事是日本历史上无与伦比的幸福的乐天家们的故事。他们忘我地参与日俄战争这一骇人听闻的大工作。作为那种时代人的素质,乐天家们只盯着前面迈进。如果坂上的蓝天灿烂着一朵白云,那就只盯着它往上爬。"

司马辽太郎生前再三拒绝把《坂上云》改编为影视,因为担心被解读为赞美战争。这正是此书的微妙之处。作为历史小说家,他对历史的看法不成体系,却有着司马史观的美称,其一是战争观。司马去世后,遗孀福田绿(司马辽太郎本名叫福田定一,二人曾同为产经新闻社记者)违背丈夫的遗志,同意将《坂上云》影像化。据说她之所以置周围的责难于不顾,怕的是作者死后五十年失去著作权,任人改编,不如趁自己活着,尽可能拍得她能替丈夫满意。前些日子(二〇一四年十一月十二日)福田绿也去世,九泉之下见到先生或许破颜一笑就要问:你对战争到底怎么看?

"实在小的国家要迎来开化时期",小说就这么开篇。

第一卷是励志故事。明治年间地方小城镇松山(在今爱媛县)出了三个年轻人,秋山家哥俩儿,哥哥好古进陆军士官学校,真之进海军兵学校。明治维新后日本开办了三种免费的学校:师范学校、士官学校、海军学校。培养尽忠报国的人才,是日本教育的一大特色(二次大战惨败后,美国占领军把师范学校也给废除了)。还有个正冈子规,跟他们是发小儿,志在当阁揆。他们眼盯着白云往坡上爬。到了日清战争时,好古率骑兵大队攻打旅顺,真之乘巡洋舰炮击威海卫,子规也不顾病躯,当从军记者。他改革俳句,战地也要吟或哼,一首"痛饮黄龙府"似的俳句镌刻在石碑上,如今仍立在大连的金州博物馆院内(本来是满蒙开拓团一九四○年修建的)。二○一四年是甲午战争(日清战争)一百二十周年,阔起来的中国媒体接踵来日本寻寻觅觅,拍那些人家早已荒在草丛里的战利品,仿佛发现了祖上的珍宝,怕是也有点自找其辱。打赢了这场战争,一九○二年正冈子规就死了，才三十五岁，此后《坂上云》完全是战争故事。关于日清战争只写了"日清战争"和"威海卫"两章，着力描写的是日俄战争。好古在满洲大地击败哥萨克骑兵，真之任联合舰队参谋，献策歼灭了波罗的海舰队。回来祭扫子归墓，下起雨来，雨中的坂苍茫了。

从云到雨，从明治维新写到日俄战争胜利，司马辽太郎认为这四十年间是光明的，后来四十年就黑暗了。光明的明治，黑暗的昭和，这就是司马史观。日清、日俄这两场战争使日本大放光明。他曾说，"日本人成为世界历史上最滑稽的夜郎自大的民族就由于这场日俄战争的胜利"；"假如日俄战争打完了之后，有一种冷静分析它的国民气氛，也许其后的日本历史就不同了"。日清战争以及十年后的日俄战争都属于侵略战争，这是第二次世界大战后日本史学界的定说。过去有一个流行的说法：日本要近代化，非打破以中国为主导的东亚国际秩序不可。上世纪八〇年代以来，学者们以实证的方法批判这种日清战争不可避免说。带头用笔杆子和大手笔捐钱支持战争的福泽谕吉把日清战争称作文明日本与野蛮中国之战，似乎一些中国人出于对满清统治的厌恶也跟着学舌，但平心而论，当时的中国社会比日本文明。

司马辽太郎构思五年，执笔五年，《坂上云》的主旨就是翻侵略战争的案。他主张，明治年间的战争是卫国战争。一九七〇年在随笔《从"旅顺"考虑》中写道："日本发动了日俄战争，怎么看也不像是侵略战争，那是要反弹侵略压迫的自卫战争。虽然作为结果，取得了俄国支配下的满洲权益和领土，也就是说，得到了就当时世界史环境可说是帝国主义果实，但发动战争本身，自卫战争的要素很浓吧。"

日清战争是近代日本发动的第一场战争。一八八四年中国在中法战争中失败，日本趁机向朝鲜扩大势力。朝鲜发生东学党起义，请求宗主国清朝出兵镇压。一八九四年六月初，伊藤博文内阁也出兵八千，但没有跟大清开战的借口，便命令驻朝鲜公使大鸟圭介制造事端。日军和暴徒攻占景福宫，活捉了抵抗的国王，拉出大院君建立亲日政权。司马辽太郎和写过小说《日清战争》的陈舜臣对谈时称之为宫廷政变,但洋洋洒洒的《坂上云》对日清战争的这个导火索避而不言。

当时我大清在日本人眼里并非弱国。丁汝昌率定远、镇远二舰访问东京湾,震惊四岛。旅游日本,乘坐山阴本线,你也可能要"友邦惊诧"一下:车过明石,忽然钻进了山里,连军港所在的吴市也不通。原来当年修建时害怕遭这两艘巨舰炮击,铁路远离了海边。清海军拥有八十二艘军舰、二十五艘水雷艇,计八万五千吨,多为旧式;日本军舰二十八艘、水雷艇二十四艘,计五万九千吨,多为新式。然而,清军分为北洋水师、南洋水师、福建水师、广东水师,各自为政,实际参战的只是李鸿章的北洋水师和广东水师三舰,计军舰二十五艘、水雷艇十二艘,四万四千吨。七月二十五日日舰吉野、秋津洲、浪速在仁川港外丰岛海面先发制人,袭击清军巡洋舰。八月一日光绪皇帝发出宣战上谕,第二天明治天皇才发出对清国宣战的诏书,要"保护朝鲜独立,维持东方和平"。日本偷袭美国珍珠港也是不宣而战。九月十三日大本营从宫中移到广岛，百姓们看见今上御驾亲征的光辉形象。

　　大清国战败。它也败在谁都不把它当作自己的国家，没人要保卫它，更有人希望借日本人的手推翻它。李鸿章一路风波，到春帆楼签订割地赔款的马关条约。不到一星期，俄德法三国让狮子大开口的日本把辽东半岛退还给中国。日本掂量了一下自己，不敢不从，心里认为是奇耻大辱，从此举国上下的口号是卧薪尝胆。还也不白还，清朝拿钱赎。从中日千余年关系来说，日本这个民族的反啮是最狠不过的。日清战争始于一八九四年七月二十三日日军攻打朝鲜王宫，经过日军打败清军，清政府割让台湾，当地民众起而反抗，一八九六年三月末基本被镇压。日俄战争甚至被称作第〇次世界大战。日清战争的规模大约是日俄战争的三四成，可能也因为两国的历史关系较为特殊，日清战争对于日本的意义总是被有意无意地低估。对于日本来说，日清战争的历史意义或许更大过日俄战争，因为日清战争的胜利决定了日本后来的历史进程。日清战争的胜利使日本从文化和精神上挣脱了大中华的阴影，而日俄战争的胜利使它跻身于列强之间。

日清战争之前，村公所优先考虑的是架桥修路，并不把悬挂天皇像多么当回事，大胜之后忠君爱国的思想一下子深入民心。普通日本人本来把大清看作东洋一大帝国，开战以后图画歌曲一窝蜂地表现对中国的憎恶，俗谣骂李鸿章是个大混蛋。日本人鄙视中国从这时开始，至今也抱有这种心态，只是不公然了。在弱肉强食的世界，落后就要挨打。日本的国策是富国强兵，近代化即军国化。讹诈清王朝总计二亿三千万两白银，其中八成用于扩军。陆军由七个师团扩编为十三个师团，海军为六六编制（一万五千吨的战列舰六艘，九千吨的巡洋舰六艘）。次则兴业，开办八幡制铁所，并振兴教育，在京都开办第二所帝国大学。司马辽太郎兴奋地说："在世界历史上，有时民族会演出后世无法想象的奇迹般东西，大概再没有像日本那样从日清战争到日俄战争的十年间演出了奇迹的民族。"《坂上云》好像讲一个日本的民间故事，一只猴子打败北极熊。若没有这么一大笔让李鸿章连叫"苛酷"的战争赔款,兴许就不会有实在小的日本倾一国之力打败军事大国俄国的奇迹故事吧。

司马好议论,常常不是用文学形象说话,来一段"余谈"像电影的旁白,大发议论。与其说是模仿"太史公曰",不如说他当过十六年记者,用的是深层报道加传统评书的笔法。关于日清战争是什么,《坂上云》中反复地自问自答:

"日清战争是天皇制日本以帝国主义进行的第一场夺取殖民地的战争",这个定义,第二次世界大战后在这个国家的所谓进步学者之间通用,相当有市民权。或者说,"是对朝鲜和中国长期准备的天皇制国家侵略政策的结果"。

在这个故事中要下这个定义的必要只有一点点。为那一点点必要来说,没有善恶,必须作为在人类历史中的日本这个国家发展程度的问题来考虑。

认为帝国主义、自由、民权浑然是西方诸国的生命源泉,当然要模仿。西方的帝国主义已经有年头,历经劫难,复杂而老奸巨猾，曾经是强盗的化作商人模样，时而变幻，甚至假扮成人道主义的姿态，而日本才刚刚开业，完全是手生，不灵活，欲望毕露，结果就有张丑恶的嘴脸。

总之，日清战争具有老朽透顶的秩序（中国）与刚刚新生的秩序（日本）之间所进行的大规模实验似的性质。

必须触及战争的原因了。原因在于朝鲜。并不是韩国或韩国人有罪，要说有罪，在于朝鲜半岛的地理存在。

韩国本身怎么也不行。李朝已延续五百年，秩序老化透了，可以说毫无靠韩国自身的意思和力量开创自己命运的能力。

司马的这些说法，既有以自然地理为前提的地缘政治学逻辑，也有近乎上世纪八十年代以后一度流行的殖民地近现代化论调。他还说："日本既然由明治维新选择了自立之路，已经从那时候起，就不能不搅扰他国（朝鲜）以保持本国的自立。作为一个历史阶段，日本必须固执于朝鲜。如果放弃这一点，只怕是岂止朝鲜，连日本也会被俄国吞并。这个时代国家自立的本质就是这样的。"日本要自立于民族之林，乃至跻身于列强之间，本无可厚非，但是以侵略扩张为立足之本，他们眼盯着的，对于朝鲜、中国以及整个亚洲，只能是一片黑压压的乌云。似乎这乌云现今也未见消散。

历史小说不可能完全再现历史时代，但作者应尊重史学家的研究成果，慎重地取舍史料。司马辽太郎在《坂上云》第四卷写《旅顺总攻》《二〇三高地》的后记中自诩："这个作品是不是小说，其实很值得怀疑。一是因为近乎百分之百地拘泥于事实，再是这个作品的写手——我，选了个简直写不成小说的主题。"但实际上他更好为自己的论点找论据，随意剪裁，大大降低了历史小说的历史价值，充其量是一部还算有趣的小说。他写道："打仗这件事的思想性善恶且不说，旅顺两次大量吮吸了日本人的血。"《坂上云》与日清战争后陆军参谋本部编辑的《日清战史》一样，对于日军在中国的土地上屠杀中国人的血腥只字不提。

明治天皇在《对清宣战诏书》中提及遵守战时国际法，仿佛要打一场文明的战争，事实却是日军在旅顺巷战中大肆杀戮士兵和百姓。国际法学者有贺长雄从军当法律顾问，目睹惨状，记录了"街上死尸大约有二千，其中五百乃非战斗人员"。上等兵窪田仲藏的《征清从军日记》记述："在旅顺街上见人皆杀，尸体塞路，难以行进。"随军的欧美记者和观战武官瞠目于"混一杀戮"俘虏和包括妇女、老人、孩子在内的非战斗人员，质疑日本所谓文明战争。首相伊藤博文和外务大臣陆奥宗光一再抵赖，说被杀的不是无辜平民，而是脱下军装的清兵。《纽约世界》报特派员詹姆斯·克里尔曼来日本之初赞美日本文明化，但亲历了旅顺屠杀，转而批判日本文明徒有其表，本质很野蛮。

清政府倾家荡产，赔款只好向俄法英德四国借债，俄国乘机把东清铁路延长到大连，置中国东北于势力范围之内。隔海的日本觉得被威胁了，即所谓俄国南下政策。司马很爱说，对谈、演讲的结集也足以等身；身高一米六，满头银丝，眼神有一点诡异。死之前两年的一九九四年，第N次讲述自己的观点：

> 日俄战争为什么发生，按照教科书的说法，基本是围绕朝鲜半岛问题的国际纠纷。关于朝鲜半岛，当时日本的国防论认为它在地理形态上是对准我列岛侧腹的刀锋。已经搞洋务运动逐步近代化的中国作为宗主国开始对这个朝鲜多方介入。日本对此很害怕，要发动日清战争。日本胜利，清朝姑且从朝鲜收手。像空气进入真空地带一样，俄国进入朝鲜。俄国简直像发现新天地的行为对于日本来说就是个恐怖。结果为赶走俄国折腾来折腾去，演变为战争。现而今想来，其后日本的近代由于过度意识朝鲜半岛，犯了根本性错误。也可以有一种意见，那就是二十世纪初不理会朝鲜半岛就好了。只要充实海军力量，纵令朝鲜半岛变成俄国的，或许也不是那么可怕的刀锋。可是，当时的人的地缘政治学感觉，现在是无法想象的，已经吓得不得了。不体谅这一点，就难以理解明

治。譬如认为也能有不搞日俄战争的选项，但俄国刺溜刺溜地侵入朝鲜半岛，来到日本眼前，终于涉及日本，还能忍耐，不搞战争吗？如果忍耐，国民的精气神儿不就没了吗？这要是没了，国家不就灭亡了吗？如今可以有灭亡也无所谓的观点罢，但当时，拥有国民国家才过了三十多年。正因为国民还是新鲜货，难以在自己和国家的关联之外考虑自己。可以说，在明治的状况下，日俄战争是卫国战争。

史学家研究表明，虽然尼古拉二世把日本人叫猴子，说日本是野蛮国家，但他压根儿没想到这么个落后国家敢跟俄国打仗。俄国并没有南下朝鲜的意图，或许当时日本人自己吓唬自己，但司马的威胁论就彻头彻尾是后世为发动战争开脱罪责的编造了。似乎大和民族天然有一种莫须有的恐惧心态，总觉得周围威胁它，它的近代化也像是对这种恐怖的民族反抗。《坂上云》写道："那能量之一是恐怖，也许被外国侵略的恐怖以至引起明治维新，维新后拥有这样的海军。"司马史观得到保守知识人喝彩,例如比较文学研究家芳贺彻说:"司马辽太郎出来,日俄战争才比较被正面评价,一下子改变了日俄战争观。"拿右翼论点卖萌的藤冈信胜和西尾干二在合著《国民的麻痹大意》中扬言:说日清、日俄两场战争是侵略什么的,扯淡。

对于昭和年间的战争,战败后日本社会有各种反思,如发动那场战争是伦理错误啦,没有大义名分啦,或者那才是正义的战争啦,从结果来说是解放亚洲各国所以有意义啦。司马辽太郎毫不含糊地认为昭和年间的战争是侵略战争,但他撇开这些反思,无非批判那是一场不计后果地打了不计后果的战争,蠢到家了。在《从"旅顺"考虑》一文中写道:"从当时世界所谓强国的陆军装备水准来说,旧日本陆军在日俄战争时最高,其后一天不如一天,大正、昭和变成了二流陆军,而且军人、国民把日俄战争的美丽神话当作事实,越来越增强世界无敌的绝对自信,这是近代世界史最滑稽的事情。攻入中国,跟当时说来五流陆军国打仗,陶醉于胜利感,越发加深世界无敌的主观世界。日军的装备只比织田信长时代好一点,靠的是大和魂。昭和十四年(一九三九)诺门罕战役中关东军几乎拿出全部力量跟苏联的外蒙军作战,大败于机械化的机动力和猛烈的火力,死伤七成,就是说十个人里有七个,战史上不见其例。即便如此,陆军仍隐瞒事实到底,终于在太平洋战争末期激化到与世界四十多个国家为敌的不可思议的状态。"司马的战争观无关乎正义与否,只考虑军力、实力,总之,没有金刚钻不该揽瓷器活儿。明治打了两场胜仗,在他眼里是光明的,但身历其境的夏目漱石看来,"整个日本国无论看哪里,光辉的断面连一寸大小也没有"。

司马辽太郎说自己写小说就是在写"遗书",主题是日本人究竟是什么,可见司马文学是言志载道的。文学评论家谷泽永一也说"司马在作品中暴露了日本人的特征和缺点"。日本经济高速度发展的年代司马辽太郎写《龙马逝》《坂上云》,写历史小说给上班族、经营者打气。到了泡沫经济时期,这些被司马文学鼓舞的人把经营搞得不像话。知道了快活的历史小说带来什么,可能司马愕然了。一九八七年出版《鞑靼疾风录》之后他放弃小说,专心写随笔。写历史小说需要大量地占有资料,他常常把逸闻传说直接写进小说里,也省得想象。例如外务大臣小村寿太郎个子矮,身材高大的李鸿章见到他,说:宴会上阁下最矮,日本人都像阁下这么矮吗?小村回答:遗憾,日本人都矮,当然也有像阁下这么高的,但我国有一句俗话,高个儿缺心眼,不能托以大事。司马一辈子住在大阪,委托东京的旧书商收集日俄战争的资料,有时给他成卡车送货上门。十年后把这些鸡肋卖给大阪的旧书店,那位老板说:干这行六十多年,那些资料里没有他没见过的。

司马辽太郎卒于一九九六年(一九二三年生),木已拱矣。

满纸血光画战争

说到浮世绘,我们也眼熟能详,如葛饰北斋画的富士山,东洲写乐画的歌舞伎伶人,喜多川歌麻吕画的美女。这些浮世绘版画用多色套印,绚丽如锦,就叫作锦绘。不过,视之为艺术,其实是现代的感觉。从江户时代初期到明治时代中期发生、发展以至衰败的浮世绘从来不属于美术,或者说大部分作品算不上艺术品。

制作浮世绘,板元(书铺、出版社)统筹其事,目的是营利,并没有美术意识。绘师不是画家,葛饰北斋也好,喜多川歌麻吕也好,都不过是城里手艺人。他们独立却不自由,不能想画什么就画什么,而是由板元出题,作画拿钱。以绘师为主，雕师、刷师协同作战。绘师画底稿，雕师雕刻主板和色板，然后刷师在绘师确认、调整颜色之下进行印刷。浮世绘立足于平民大众的审美情趣，大量印刷，卖给他们娱乐，始终是一种亚文化商品。不是为雕版印制而画的作品，日语叫作"肉笔画"，这种手绘往往为美术史家看重。浮世绘类似后世的招贴画，但招而不贴，不像我们的年画那样贴到墙上装饰新年。

与年画相比，最大的不同之处似在于浮世绘具有传媒性。浮世绘大半是歌舞伎绘，之所以大画伶人，原来相当于现代明星照。那时候没有电影、电视什么的，最盛行的大众娱乐是歌舞伎，在服饰等方面也领导新潮流。伶人不仅为票房做广告，还代言商品。例如白粉"美艳仙女香"，仙女者，濑川菊之丞的俳号也，他是男扮女装的名优，把白粉"挂在国民的心中"（鲁迅语）。美女图多是青楼广告，广招天下客。北斋《富岳三十六景》从各地遥望富士山，乃旅游指南，这类画不叫"风景图"，叫作"名所（名胜）绘"。每当盛夏，城里到处办庙会，街头也常见乘凉舞会，有人派发纸团扇，随手接过来扇凉，时而看看上面的画，画的是商品广告或公司宣传，过去浮世绘就叫它"团扇绘"。

作为具有平面艺术性的媒体，浮世绘还用来报道时事。将报道性和娱乐性合为一体，在日清战争（甲午战争）时发挥到极致。这种"战争绘"早就有了，不过，西南战争（一八七七年西乡隆盛举兵造反被明治政府镇压）的"时事绘"把报道画成画，以甲午战争为题材的浮世绘本身就是报道。一八九四年八月一日明治天皇发布"对清国宣战昭敕"，这个宣战布告不是给大清的，而是大日本帝国皇帝诏曰忠实勇武的臣民，实际上日军早在七月二十五日已击沉清军的高升号运输船。启蒙日本人脱亚入欧的福泽谕吉兴奋不已，给友人写信：国民个个忘私报国之时，淡泊人事的老身这回也不能沉默，准备尽一分力量。各报社竞相派记者从军，总计一百一十四人，大肆报道战争的进展，举国为之狂热。甚至为报道日清战争创刊了几种杂志，而且杂志手法发生划时代的变化，不再是满纸文字，也诉诸视觉表现。

当时已经有写真，四名"写真师"从军。有一幅《我军牛庄城市街战摄影之图》描绘了架起照相机摄影的场景。博文馆创刊《日清战争实记》，每期卷头有几页写真，至一八九七年一月停刊，共发行五十期。视觉效果主要还是靠浮世绘，"老幼妇女无别，一读则恍如目睹实战"的是《日清战争图绘》。

这个图绘（后改名为《征清图绘》）是《风俗画报》的临时增刊，自一八九四年九月至一八九五年七月刊行十期。画师们互相比拼，以从军记者的报道为基础，调动想象力创作。人们买来看，了解战况。这些日清战争锦绘的"神画"颂扬帝国军人的英勇，作践清军，其"速报"的内容准确与否就是另一回事了。况且对画的解读简直像诗无达诂一样难以确切，甚而造成谣传。《黄海之战我松岛之水兵临死问敌舰之存否》描绘联合舰队的旗舰松岛在大东沟海战中被清军定远舰击中，弹片飞散，某水兵浑身负伤，气息奄奄问长官：定远还没沉吗？听说定远不能作战了，含笑而死。这个传说的事迹被写成军歌《勇敢的水兵》。日清战争锦绘在网上多有公布，如亚洲历史资料中心与大英图书馆合作特别展"画上的日清战争"。美国波士顿美术馆收藏了不少，日本国立国会图书馆近代数码典藏还代为复印。

明治天皇的宣战诏书有云："朕于兹对清国宣战，朕之百僚有司宜体朕意，努力于陆上，于海面，从事对清国交战，以达国家之目的。苟不悖国际法，各应权能，尽一切手段，期以必无遗漏。"战场上日本侵略军根本不遵守国际法，残杀俘虏，有画为证。画师们没有上战场，当然是根据记者的记述来画的，但对比一下写真，歌川小国政所画《斩首暴行清兵图》的血淋淋场面颇为真实。中原中也有这样的诗句："有多少时代／有茶色的战争"。大概诗人从褪色的写真联想，战争是茶色的，而浮世绘的色彩历经两甲子依然鲜艳。

日清战争以大清割地赔款而告终，十年后日本又找上俄国开战，用于实时报道的浮世绘基本被写真取代，据说日清战争的锦绘有三百种之多，而日俄战争仅三四十。鲁迅在仙台课堂上看的中国人围观砍头是幻灯片，看得他弃医从文。浮世绘的画面大都有文字说明，增加信息量，这正是它的媒体特征。砍清兵头的字尤多，有悖国际法毕竟要找个借口，大意是：世间已有公评，我军正义慈仁不次于欧美各文明国，而且有过之。当然对这次的俘虏也极为优待，绝未严酷处理，但这些清兵脑子里浸透了残虐的国风，以为被捕就难免一死，对看守的警察动手，夺佩剑砍杀，所以怎么宽仁大度，对此暴兵也不能不处以军法。拉出三十八人在很多俘虏面前砍头，以儆效尤。俘虏们感泣，心服我帝国军队的仁义慈爱。落款是甲午冬十月。

关于日本人的残虐性，约翰·W.道尔在《拥抱战败》一书中写道："一九四六年日本人像洪水一样归国，直到这时候，不仅对盟军俘虏们，而且在中国，在东南亚，还有在菲律宾，皇军干下的那些骇人听闻的残虐行径这才接连也传入国内人们的耳朵里。"作者列举了残虐行径："从与中国的全面战争开始不久发生的南京大屠杀，到太平洋战争末期在马尼拉的暴行，皇军士兵们留下了难以形容的残酷与掠夺的痕迹。后来被知道，他们吃了战友的肉。日本兵进行绝望的自杀突击而战死，在战场饿死，杀害伤兵以免落入敌人手里，在塞班、冲绳等地杀死非战斗人员的同胞。日本人束手无策地看着自己的城市被燃烧弹破坏，领导人趁机煽动'一亿玉碎如何必要'。大东亚共荣圈最明确的遗产是死亡与破坏。"

像好些民族一样，日本也自古喜欢把战争"物语化""绘卷化"，浮世绘衰败，画战争并不曾同归于尽，反而因长年战争而繁荣，但完全由画家担当了，称作"战争记录画"，简称"战争画"。当年为战争而画，当今也有人画，例如现代美术家会田诚以太平洋战争为题材的系列作品《战争画 RETURNS》。不消说，当代战争画总是以和平的名义。

一九三七年发生卢沟桥事变，一年后六名油画家被海军省军事普及部派往中国战场，画"事变记录画"，其中有藤田嗣治。与作家的笔杆子部队并肩，军方还要用美术在国民心里树立"圣战"的形象。藤田一九一三年赴巴黎留学，一九三三年梳了个招牌的娃娃头回国，一九五五年与日本诀别,生为日本人,死作法国鬼,他在日本几乎就是个战争画的画家。评论家加藤周一说藤田不是画战争,画的是战场,用高超的逼真画出了战场的凄惨之极,至于"从中得出关于战争的什么样结论,就不是画家的工作了"。看画固然见仁见智,但最终要究问的是看没看对、看没看透画家的意图。《阿图岛玉碎》描画了日军占领美国的小岛,守备队全军覆没的景象,确实画出了惨烈,但感动全国的是"皇军的神髓"。战败后,曾说过把"右臂献给陛下"的藤田被日本美术协会指名为战犯画家,慨叹"用和一个为国而战的士兵同样的心境画画,为什么非被谴责不可呢"?

一九四五年十月大都会美术馆计划搞一个"征服日本"展,收集日本战争画,最终未出展,堆放在东京都美术馆。盟军总司令麦克阿瑟迟疑不决,因为若作为赔偿物资,战胜国个个有份儿(澳大利亚、荷兰曾要求分羹),而视为军国主义宣传品就应该销毁。后来日本美术家联盟办画展嫌这些画碍事,请占领军当局处置,就干脆当战利品运去美国。十年后今非昔比，日本逐渐掀起了要求归还战争画运动，一九七〇年美国以"无限期贷与"的形式把一百五十三幅作品返还日本，收藏在东京国立近代美术馆。就安倍总理大臣这个劲头儿，怕是公然展览也指日可待。题目叫什么呢？战争中的美术，或者，美术中的战争？

零战未归于〇

本来没想读《永远的〇》，因为从文学来说，这本小说不值得一读，日本虽小，可读的书多着呢。但说到"特攻"，堪称世界历史上独一无二的奇葩的，举一个变着法儿歌颂它的例子，《永远的〇》却是最鲜活。看报纸上刊登的照片，作者百田尚树长得有点像暴力团，但这个〇画得并不圆，未免像阿Q。不过，他本人是不怕人笑话的，内阁总理大臣也不计较，拿去为自己的国策作伥。

网上说，《永远的〇》起初被多家出版社拒绝，二〇〇六年终于有一家三流出版社相中；它出版过《自杀指南》《自杀社团》什么的，或许把《永远的〇》也归入自杀系列。二〇〇九年最大出版社讲谈社摘桃子,印行文库版。到二〇一四年七月累计销售五百多万册,影响不可谓小。故事的背景是手机时代,姐弟俩得知爷爷死于特攻,便四处奔走,"收集战争体验者的证言"——用中国话来说,就是听老战士讲述那打仗的故事。可见,作者心里装的读者是年轻人。

常有人说日本年轻人不知道战争,这恐怕是一个伪命题。宣传不必以大张旗鼓为能事,教育也不只在课堂上。他们从小到大看漫画,玩电子游戏,战争是一大题材。战争纪念馆也比中国多得多,只是都冠以和平二字。对于日本,中国人向来缺乏平常心。我们的祖先给日本编造了海上有仙山之类的神话,现而今愤青也好,哈日族也好,仍然在编造日本神话,或者捧上天,或者揍入地。所谓平常心,首先就不要对它太关心,别那么当回事,人家赢一个球不必起急,吃它一碗拉面也不必美出鼻涕泡。正因为过于关心,自己不正常,电视才会演那么多抗战神剧。倘若有一颗平常心,如同看武侠电影、好莱坞电影,神剧也就不神,娱乐而已。《永远的〇》这么神的小说也不妨用平常心来看，但要是读过几本关于特攻的书，会觉得它像是复制粘贴而成，处处似曾相识。与其介绍作者的演义，还不如直接据史料展示一下历史真面目，虽然也颇多不明之处。

一九四一年十二月八日拂晓，日本偷袭珍珠港，把位于夏威夷瓦胡岛南岸的美军基地炸得一塌糊涂。

日本得逞了，但联合舰队司令山本五十六心里很清楚：日本开战后能维持半年到一年的优势，然后美国的国力将压倒日本。果不其然，一九四二年六月在中途岛海战中损失了四艘航空母舰和很多飞行员，八月开始的瓜达尔卡纳尔岛战役又遭受致命打击，三万兵力，战死、病死、饿死了两万（美军阵亡五千）。从瓜达尔卡纳尔岛撤退时，把手榴弹留给伤病员自我了断，或者干脆由战友处死，以免当俘虏。大本营（直属天皇的最高统帅机关）把撤退称作"转进"，对美国开战六个月后，战争的主导权就完全转进到美军手中。当时日本的飞机不能与美国同日而语,初战告捷主要是由于美国佬大意。总有人说日本人欺软怕硬,这也是个伪命题。大概与落后就要挨打异曲同工,这话很励志,兴许硬起来,但也不要太大意,它软的时候也是敢打你的。打大清并不比大清先进多少,侥幸取胜,外交大臣陆奥宗光在所著《蹇蹇录》中惊呼"这意外的捷报"。打俄国、打美国都是比人家落后,何曾是柿子专拣软的捏。

一九四三年日本更"软"了,兵员不足,召学生出征。十月二十一日东京举行"学徒出阵壮行会",雨中阅兵也颇为壮观。

一九四四年九月二十五日陆军参谋本部哀叹"只有搞飞行特攻了"。特攻,全称是神风特别攻击队,飞机挂上炸弹去撞击敌舰,那景象类似9.11恐怖分子撞毁纽约的大楼。这种敢死队不是九死一生,而是"十死零生",除非因故障而迫降,可能死里逃生。《永远的〇》就利用这故障,编排主人公宫部久藏少尉察觉飞机有故障,和预备士官调换,自己赴死。

第一个进行特攻作战的是第二十六航空战队司令有马正文。他认为用通常手段已不能取胜，十月十五日出击，至于撞没撞上敌舰，无处查证。有马所属的海军第一航空舰队司令大西泷治郎是菲律宾方面海军航空部队最高指挥官，组建敷岛队、大和队、朝日队、山樱队等，这些队名取自江户时代国学家本居宣长的和歌"人问敷岛大和心，朝日映艳山樱花"，总称神风特别攻击队。十月二十五日下令特攻，对航母进行自杀式攻击，以削弱美军战斗力。大西被称作特攻之父。他说过：日本精神的最后表现是特攻，特攻能够救国难。全体国民发挥特攻精神，哪怕败了日本也不会亡。日本投降第二天大西切腹自杀，遗书写着"对特攻队英灵曰，善战，深谢"。切腹的做法实际上半真半假，当人把短刀刺进肚囊的瞬间有个叫"介错"的人负责用大刀砍断脖子，一命呜呼。大西没有找介错，痛苦十几个钟头才死去。按惯例写了辞世诗，风雨过后月清清什么的。他不是向那些白白送死的年轻人谢罪，而是替军国主义政府顶了罪。

日军垂死挣扎，使出很有点无赖的和式绝招，美国大兵看见从空中垂直掉下来似的特攻机大惊失色：小鬼子这是豁出去了，反正明天也会被击落，干脆今天就玩命撞战舰，或许还有个赚头。真就炸沉了一艘航母，洋溢了大西泷治郎对特攻作战的信心。也就过了俩礼拜，美军明白了，那不过是"傻瓜炸弹"。高射炮齐射，形成弹幕，特攻机无法接近航母。到了最后阶段，学生兵更没有技术，好不容易驾机冲进来，却不知怎样撞目标。美国人始终对日本人的行为不可理解，而我们中国人看来，不就是来个鱼死网破嘛。

起初特攻使用零式战斗机，但造价高，况且特攻次数增加，也赶造不出来，于是生产只能载一个人和炸弹的特攻专用机。单薄简陋似"樱花"，由飞机吊着飞行，接近目标后脱离，滑翔自爆。大活人操纵特攻机简直是导弹的先驱。不仅有天上特攻，还有水中特攻，靖国神社的展馆"游就馆"里摆放的"回天"是一种由人驾驶撞敌舰的人体鱼雷。指望起死回生，却压根儿是绝望的战术。陆海军热衷于研制铀弹，迟迟未成功，当东条英机首相叫喊"大和民族尽忠报国的精神力量是万邦无比的"

的时候，各种人体炸弹匆匆送上前线。大概仗打到这会儿，便超越军事层次变成了一种美学。从啥事儿都能审出美来，这是日本人的本事。刀的审美遮掩了刀的本质，武器变成美术品。从我们的传统文化来看，日本人的审美常常是审丑审恶，所以他们善于搞当代艺术。"玉碎""散华"说得美，翻译过来就是死，因为是汉字就顺手牵羊，无意之间帮人家美。

一九七〇年代日本大众文学有"三郎"走红：司马辽太郎、新田次郎、城山三郎。太郎不写昭和的战争，比他小四岁的三郎写。城山三郎生于一九二七年，也曾入伍大日本帝国海军，分配到特攻队，训练中日本投降。战败后重新上学，毕业论文是《凯因斯革命的一个考察》。改行写小说，以经济小说闻名。二〇〇七年去世，去年（二〇一四）角川书店创办"城山三郎赏"，奖励"描写不管什么样的境遇、状况也作为'个'拼命活的人物形象的作品"。城山三郎写过《指挥官们的特攻》，写的是海军列为特攻第一号的关行男大尉和最后实行特攻的中津留达雄大尉，他们怎么拼命也活不下去。

关行男是第一个神风特别攻击队敷岛队的队长。战败后，他的两位长官，当然是活生生的，一位是第一航空舰队航空参谋猪口力平中佐（神风特别攻击队的名称就是他起的），又一位是第二〇一航空队飞行长中岛正中佐，一九五六年十二月合写了一本书，叫《神风特别攻击队》，畅销一时，被当作谈特攻、写特攻的原始文献。写道：在菲律宾的马尼拉郊外基地，一九四四年十月十九日夜半，二十三岁的关行男被叫到第二〇一航空队的士官室，猪口在场。说是大西泷治郎中将下令，零式战斗机挂上二百五十公斤的炸弹去撞击敌舰，选中了你。关行男紧闭嘴唇，沉默了片刻抬起头，毫不含糊地说："务请让我来干。"

当时在场的同盟通讯社记者、海军报道班员小野田政也写了一本《神风特攻队诞生秘话》，却说新婚五个月的关行男只是答应了一声"遵命"，并没有说"务请让我来干"，跃跃欲试似的，让上峰们爽得像云散月出。当天采访关行男，只见他面色苍白，大发牢骚："日本也完啦。想不到要杀我这样的优秀飞行员了。就凭我,不用玩命去撞也能让五百公斤炸弹命中敌母舰的飞行甲板。我不是为天皇陛下去,不是为日本帝国去,是为老婆去。有命令就身不由己。日本要是败了,老婆可能被美国佬强奸。我是为保护她而死。为最爱的人而死。"关行男也写了辞世诗:弟子哟/忽地散了吧/像这山樱花。

中津留达雄大尉和关行男是军校同期,他明白地说:"我不急着死。"父母也拼命向八幡宫的武神祈祷,保佑独生子"武运长久"。一个叫山下博的大尉骂中津留是胆小鬼,还施以拳脚。中津留是练习航空队的教官,妻刚刚生了孩子,一九四五年三月受命编成特攻队。长官宇垣缠中将当过山本五十六的参谋长,山本座机被击落,他搭乘第二架飞机逃脱。天皇已经宣读了停战诏书,丧心病狂的宇垣缠不顾阻拦,仍带领十一架"彗星"特攻机出击。每机二人,他挤坐在队长中津留的飞机上,只加了单程的燃料飞向冲绳海域。起飞前中津留发觉引擎不对头,为了决死的司令官也不能迫降,于是换飞机。《永远的〇》最关键桥段就是从这儿拿来的。宇垣缠自慰般痛快了，却搭上十几条年轻性命作陪葬。

如何确认特攻的战果呢？原来飞行员携带发报机，要冲撞敌舰时按住键，基地收报，信号短就是被击落，信号长即认定为撞击敌舰。《永远的〇》写道："特攻队员们是出色的男子汉，他们多数发出了'超长信号'。"而城山三郎写道："七架飞机发出了撞击的电信号，中津留的电信号尤其长，但事实上美军舰船无损。"曾有人目睹，八月十五日晚上美军开派对祝捷，远处传来爆炸声，第二天美军倒拽着三具日本飞行员的尸体，已经停战了，不知何故一架飞机撞在岸礁上，一架栽进稻田里。搭乘司令官的飞机上最后发生了什么，无人知晓。城山三郎推理：中津留大尉飞到冲绳上空，未发现美军的飞机、舰船，宇垣中将这才说已接到停止积极进攻的命令。中津留佯作撞击，却避开了美军营地，不然的话，停战后仍然偷袭，日本必遭到全世界唾弃。

特攻指挥官们给出击的队员系上一条红太

阳的摸额，敬上一碗酒，激励说我们也随后起飞，或者说我们最后也出击，大都是谎话，他们并没有像武士道鼓吹的那样去找死。正是这些人战败后散布特攻不是强迫命令，而是自愿的，制造特攻的神话，以逃避"虐杀"（纪实文学家泽地久枝语）的罪责。《永远的〇》也无非借这种自愿说塑造特攻的英雄形象。当时有个叫美浓部正的飞行队长断然反对长官大西泷治郎的损招，理由是特攻虽然有战果，但有去无回，损失了好不容易培养的战士，以后的仗还怎么打。美浓部八十高龄去世，死前写了一本《大正之子的太平洋战争》，说是不许把纯真的年轻人投入特攻的浊流。当权者不是考虑如何尽快地结束战争，而是疯狂叫嚣"一亿玉碎"。十七岁到二十几岁的特攻队员被迫送死，在军纪监视下遗留的书信、日记等表面上说是为国家、为天皇、为国民献身，当特攻很光荣，字里行间却透露出厌战、胜利无望的真情。关于人体炸弹的死亡人数并没有准确的数字，据靖国神社游就馆"大东亚战争七十年展"说明，到战败不足一年里死了四千三百多人。估计其中七成是学生兵。日本近现代史专家保阪正康说："以爱国的一般论调美化特攻队员行为的瞬间，我们就掉进荒唐的泥沼。"

如何记述战争，反思战争，对于战败国的作家来说，的确是一个难题。当今世界，写战争非亮出和平旗号不可，大帽子底下如何开小差呢？通常的手法是谴责战争，歌颂战士。进攻与防御似乎能转化战争的性质，当日本被美军打得节节败退，它自己发动的战争就变成"为了自存自卫"（东条英机首相一九四四年施政演说），战士为保卫祖国而战了。日本人写战争爱写这后半，写出惨劲儿就算是谴责战争。英勇善战也不大好说，这时他们最拿手的是人情味，也就是与民主同样普世的人性。《永远的〇》里宫部久藏一心为妻女活下去，躲避战斗，最终却让出生，这情节煞是感人。小说开篇不久便提出宫部"那家伙是海军航空队第一胆小鬼"，一路读下来洋洋洒洒五百页，突然宫部要送死，读者不得不回头寻思他从哪里开始反常的呢，哪怕是伏笔。我看他是自杀。他对特攻队员的死是这样感受的：

> 今天我眼巴巴看着六架飞机全摔下去。"樱花"的搭乘员里有我的学生。出击前他看着我的脸，说宫部教官掩护就放心了。可他就在我眼前喷火坠落了。一些搭乘员向我敬着礼坠毁。我的任务是掩护特攻机，哪怕自己被击落，可我连一架飞机也没能保护。我是活在他们的牺牲上。

精神折磨使他不能再贪生，只有一死了之，看上去好像为国捐躯。日本人心细，宫部早就给妻找好了下家，让别人来承担他的家庭责任，一举两得。小说里的姐弟也就有了爷爷，诱导他们去调查，接受那场死了亲爷爷的战争教育。

战败后日本社会对特攻有赞有否。靖国神社的特攻英雄论赞颂特攻队员是英灵中的英灵，这些英灵奠定了今日和平的基础，有他们的死才有日本战败后的繁荣，应该长久留在日本民族强烈愿望那种悲惨的战争不再重复的记忆中。这里的逻辑很有点匪夷所思,发动战争是志在和平,打了败仗也心系和平。特攻队员或许不是懦夫,但绝不是英雄,充当了炮灰而已。特攻队员活下来的不多,几乎都缄口不言当年事。一位由于天气恶劣而幸免出击的学生兵松浦喜一年高八十时开口说:把特攻队弄成特殊的东西,那就开始美化了。

同样说和平,但历史所赋予的含义或底蕴日本人与我们并不相同。他们反战大都用残酷二字反对一切战争,掩去了侵略与抵抗的本质不同。我们宽容地说军国主义也给日本人民造成苦难,而日本强调这苦难是战争造成的。他们常谈美军对东京的轰炸,却不谈日军早就轰炸过重庆。探究"那场战争为什么失败了",一个结论是"昭和陆军的日本式组织的失败"。反战也各有不同,例如小说家阿川弘之热爱海军,憎恨陆军。不少人认为"陆军的横暴把日本领进了战争",而海军开明,甚至反对战争,但实际上没有一个海军公开主张不能对美国开战。把对于战争的道义追究变为战场的战术探讨,自然抽去了战争的实质问题。历史小说家司马辽太郎反战，不是反发动战争，而是反当时领导人不自量力，打了一场没有胜算的战争。他极力否定昭和的战争，却肯定并大肆美化明治年间的日清战争（甲午战争）、日俄战争，写道："后世说，日清战争不是迫不得已的卫国战争，显然是侵略战争，当时的首相伊藤博文若听到后世这种激烈的批评会大吃一惊吧，他完全没有这样的想法。"

天皇年初作诗（二〇一五）：到日子不要忘记给原子弹爆炸中心那里竖立的纪念碑供上白菊花。日本记住的是原子弹爆炸的后果，对于我们来说，顺理成章的是投放原子弹的原因。日本的和平是战败的结果。本来应忏悔，"不再发动战争"，但日语含糊其词，没头没脑地说"战争不再发生"。日本跟德国没有可比性。德国不仅败给了外国军力，也败给了本国的正义势力，而日本投降了，没降给国内，所以天皇的诏书不是投降诏书，只是告诉臣民不打了，以后再说。犹太人对战争罪人穷追不舍，严惩不贷。中国人好儒，以德报怨，结果常弄得自己像怨妇。战争犹如被关进铁笼的猛兽，和平就是那铁笼。铁笼有门，或者疏忽，或者故意，都可能把猛兽放出来。小说家、剧作家井上厦说过："弄清过去才能看见未来。"我们不能教人家怎么写自己的历史，但是和败者坐在一起写历史教科书，胜者是不是有点萌萌哒。勾践卧薪尝胆，愚蠢的是夫差。美国用炮舰敲开日本江户时代锁国的大门，不足百年日本人就偷袭珍珠港报了仇。两颗原子弹之仇也过去七十年，这回的历史剧怕是已演到伍子胥自刎。百田尚树说他总是听着古典音乐写作，写《永远的〇》听的是马斯卡尼的《乡村骑士》，流泪写出了最后的情节。那歌剧唱的是复仇。

二〇〇〇年大西泷治郎墓地竖起了一块"遗书碑"。他在遗书中号召：充分坚持特攻精神，为日本民族的福祉与世界人类的和平尽最大努力。

日本人牢记"零战"，不会把它归于〇。

大河电视剧

"大河剧"是NHK综合电视台的招牌节目，也是日本电视节目的招牌。博物学者荒俣宏在《NHK博物志》一书中写道：大河剧不是《水户黄门》那样模式化的武士剧，而是电视上用自力破坏模式化的文艺作品，以连连打破电视界常识的形式发展。倘若把电视节目分为教养节目、娱乐节目、教育节目，有专家认为大河剧可算"电视式教养"的节目。

电视连续剧冠以"大河"二字，足见其长。通常是五十来集，每周日晚上播一集，四十五分钟，从一月播到十二月。恐怕我们中国观众早就按捺不住了。凡事中国都做大做强，"大河""长江"般的连续剧自不少，但天天播，一天播两三集，就变成飞流直下的瀑布，急急如律令。起初叫"大型武士剧"，所谓大型，是当时电视剧一般为三十分钟。后来叫"大型历史剧"。小说有历史小说与武士小说（日文叫"时代小说"，类似我国的武侠小说）之分。历史小说无限地接近历史，而武士小说不大受历史约束。电视剧也分为历史剧和武士剧（日文叫作"时代剧"）。一九六四年第二部大河剧《赤穗浪人》播映，《读卖新闻》予以报道，仿"大河小说"称之为"大河电视剧"，一九七七年NHK纪念"大河剧十五年"也正式采用了这个叫法。大河剧有两大特点：一是播映一年；二是历史剧，描写历史人物的一生，也有虚构的，史无其人。

第一部大河剧是一九六三年的《花生涯》，连绵不断，到今年（二〇一七）正在播映的《女城主直虎》，共播出五十六部。大河剧制作向来被谴责花钱如流水。因发生贪污制作费事件，不得不提高经费透明度，可知近十多年一集制作费大约六千多万日元，五十集总额为三十亿日元左右，大半用于布景等美术方面，编剧费、演员费秘而不宣。

一九五三年二月日本开始放电视。当时大学毕业就职起薪是八千日元，一台十七寸电视机十五万日元。舆论不看好电视，批评它浅薄，冲击青少年读书的良好风气。社会评论家大宅壮一甚至抨击电视把一亿日本人变成白痴。电影业嘲笑电视是电气拉洋片。敌视电视的五家电影厂一九五六年缔结协定：不许电视台播放剧场用电影，专属演员拍电视片须经厂方许可。电视台不得不从美国进口《超人》之类的电视剧，更大杀电影的威风，夺取观众。电影导演新藤兼人回忆：起初电影人没有把这么个方盒子放在眼里，但它具有报道性、艺术性、速度，具有非常大的力量，一下子变成巨人。

一九六○年代初电视技术还相当幼稚，NHK艺能局长长泽泰治一声号令：拍电影拍不出来的大型电视剧，让全国视听者转向我们。二○○八年长泽出版了回想录《NHK与共七十年》。和意大利电视台合拍电视剧《两座桥》的合川明、北条城等人回国，合川为制片人，北条编剧，大河剧计划付诸实施。大概长泽局长心里算计的是用电影的大牌演员，再加上电视的其他优势，必胜过电影。然而有"五厂协定"挡道。合川明天天上门敦请佐田启二，这位当红的电影演员终于被说动，当然也包括酒吧美酒的打动，但也有个说法：佐田在拒绝期间认真研究了美国电视状况，终于认定今后的娱乐之王是电视。他的参演使五厂协定变成了废纸。女演员淡岛千景等相继出演。《花生涯》据舟桥圣一的历史小说改编，描写江户时代末彦根藩主井伊直弼任大老辅佐江户幕府将军，反对攘夷论，主张开国，推行近代化，最终被浪人杀害。周日晚上八点四十五分开播，澡堂里都没人泡澡了。佐田启二有个儿子叫中井贵一，贵一这名字是小津安二郎给起的，他妈常说他不如他爹漂亮。贵一在一九八八年大河剧《武田信玄》中扮演武田信玄，平均收视率迫近百分之四十。瞬间收视率为百分之四十九点二，仅次于一九六四年《赤穗浪人》杀进吉良上野介宅邸的场面（百分之五十三）。制作第三部《太阁记》，大河剧推出了自己擢拔的演员，造就电视明星。

大河剧多是用小说家的原作改编。最多是司马辽太郎六部，而后是吉川英治四部，山冈庄八三部，海音寺潮五郎、大佛次郎、永井路子、宫尾登美子等两部，陈舜臣、井上靖、池波正太郎、山崎丰子等一部。小说一般不开列参考资料，通说司马辽太郎查阅史料极详尽，可也有人怀疑他读的是否真的是史料。问题常出在小说家言可以当小说读，但言中可能有史观，通过小说宣扬小说家本人的史观，典型是司马辽太郎，史家就不免要出来说话。专家像掘井，越掘越深，但一般人不要跟他下井，而小说家所作像湖泊，水不深，却自有一片景色供读者流连，对于读者大众来说，专家玩不过小说家。而且专家有领域，画地为牢，通常不敢捞过界，研究唐的不写宋。井泽元彦敢写《逆说日本史》，因为他归根结底是小说家。唐纳德·金敢于一个人洋洋洒洒写《日本文学的历史》，因为他是外国人，不必守日本学界的规矩。作家可以在历史上跑马，纵横驰骋，就因为他写的是小说，是电视剧，乃娱乐耳。

一九七八年的《黄金日日》是先立选题，

再约请开创经济小说的小说家城山三郎撰写原作。主人公吕宋助左卫门不是武士，而是一个从事海外贸易的商人，把吕宋壶等物产卖给一统天下的丰臣秀吉，大发其财。得知被当作宝贝的吕宋壶原来是当地的尿壶，秀吉大怒，助左卫门亡命海外。后得到柬埔寨国王的宠信，东山再起。这部大河剧超出了武士的框架，眼光转向了庶民与经济。

一九八〇年山田太一的《狮子时代》是编剧直接创作脚本之始。翌年由桥田寿贺子编创《女人太阁记》脚本，一炮而红；一九八三年为NHK的另一个招牌节目"连续电视小说"写《阿信》，一九八六年、一九八九年又相继写大河剧脚本《命》和《春日局》。二〇一〇年以来大河剧全部是编剧的原创。

大河剧提前一两年公布下一部以及再下一部的题材和演出阵容。二〇一八年是《西乡隆盛》，由女作家林真理子写小说，女编剧中园美保改编剧本。昭和年代也渐行渐远，一九六四年东京奥运会已过去半个多世纪，二〇二〇年东京奥运会在即，大河剧应时应景，二〇一九年第六十八部叫《飞毛腿》,演义日本与奥运会的关系史。大河剧完全由NHK制作者掌控,一九七四年《胜海舟》本来是仓本聪改编子母泽宽的原作,跟制作者发生冲突被"降板"(炒鱿鱼)。好个仓本聪,直奔北海道,定居富良野,写出了著名电视剧《来自北国》。

历史剧是"剧",不是史书,也不是历史教科书。它戏说历史,若没有戏,就跟史书是一路货色了。或许可说是过去和现在的对话,但大处也得尽可能符合历史,不然就不该叫历史剧。小说家大冈升平批评井上靖的历史小说《苍狼》是"借景小说",借尸还魂,借历史的衣冠来表现现代人的思想感情。大河剧就是"借景电视剧"。越是吸引人之处,往往越是妙笔生的花。创作应该使人物有深度,不能使历史出笑话。让《风林火山》的人物说"估计上杉来周攻击",观众就笑了,因为明治五年日本"废太阴历,颁行太阳历"之后才有了"来周"的概念,此前当然也没有周日之说。"全然""绝对""时间""运动"这些现在常用的词语都是江户时代没有的。只要不出大格,细节可任由作家、编剧发挥想象力。史学家不识趣，跟历史剧较真，终归像是对风车挑战。

从一九六七年《三姊妹》起，大河剧聘请史学家做"历史考证"。后来又增加"建筑考证""风俗考证""服饰考证"以及方言、能乐、茶道、马术之类的指导，大有还历史以本来面目之势。历史考证不是要再现史书，而是护驾历史剧正确地虚构，不歪曲历史事实，不出现那个时代没有的东西，例如某大河剧被指出江户时代没有那种猫。稻垣史生担任过五部大河剧考证，一九七一年撰写了一本《历史考证事典》，一九八一年又出版《考证·斩电视历史剧》，指出包括大河剧在内的历史剧满屏荒唐言，而担任考证的史学家怕得罪电视台，特别是NHK，那就没钱赚，所以不多嘴。不过，史学家有时也需要妥协。日本人嘲笑中国人缠足，其实他们也自有恶习，例如江户时代女人出嫁后剃眉染齿，倘若照实演，美女一张嘴，黑洞洞像吃人鬼一样，这戏也就没法看。

历史被视觉化、艺术化，史学不大在意的问题却每每被注意，甚至被强调，例如井伊直弼在樱田门外被十八个浪人杀害,制作者提问:当时门开着,还是关着。考证者无言以对。中国学人批评日本做学问总计较鸡毛蒜皮,却也无人关注过这样的细节。据说,凭积累的学识能当场回答的问题顶多百分之二十,其余都需要查资料才能准确地回答。一些小道具,小说可以避而不写,电视剧的画面上却不能空空如也。史实有误,即便学者指出了,最终还是由制作者决断。

二〇一一年《江》惨遭非难,说它"毁了历史剧"。江是武将浅井长政的女儿,三姊妹中的老三,母亲是织田信长的妹妹市。第三次婚姻嫁给了德川幕府第二代将军秀忠。其姊茶茶是丰臣秀吉的侧室（或者正室）,即淀君。江的人生夹在两大势力之间,真所谓"波澜万丈",但似乎编剧为塑造一个能和织田信长、丰臣秀吉、德川家康三大霸主直接说上话的、在背后推动历史的女性,有点不顾一切了,胡编乱造。编造秀忠为避免跟丰臣家开战,给丰臣秀赖写信,却不撷取江在历史上的人生高潮:疏远长子家光,溺爱次子忠长,造成争夺幕府第三代将军的宝座，最后忠长死于非命，虽然全剧在和平里收场。日本学美国也搞了一个烂片奖，第一届就奖给《江》。二〇〇九年成立的"时代考证学会"曾举办"大河剧与时代考证"，探讨一心忠于史实的史学家和用虚构追求故事性的制作者双方的平衡点。会长大石学认为：在形成国民的历史意识上，大河剧比学校教育的影响还要大，而且有助于故事发生地振兴经济。

NHK 是公共事业，不能从事营利活动，但它有个相关公司 NHK ENTERPRISES 替它经营大河剧生意。大河剧二次利用，产销周边商品如 T 恤衫之类，均是由这个公司经手。大约从一九六九年《天与地》，出版看到了商机，每年大河剧相关的历史人物和背景的书刊纷纷出版，书店里平摊。不仅用图片抢眼球，还详细地介绍交通、景点等。自一九七八年《独眼龙政宗》，地方政府出钱，NHK ENTERPRISES 操办"大河剧展馆"，为期一年，招徕旅游。东日本大震灾之后，二〇一三年《八重樱》在福岛县会津若松市举办大河剧展馆，参观人数超过六十万。据姬路市统计，二〇一四年《军师官兵卫》大河剧展馆，给该市所在的兵库县带来二百四十多亿日元的利益。二〇一六年《真田丸》在长野县上田市的大河剧展馆参观人数过百万，比预期目标翻了一番。大河剧有如此经济效果，各地竞相"申办"，如滋贺县的"明智光秀"，熊本县的"加藤清正"，茨城县的"水户光国"，岛根县的"山中鹿助"，千叶县的"伊能忠敬""战国大名里见氏""长宗我部一族"，鹿儿岛县的"以鹿儿岛为舞台的大河剧"。

历史剧并非忠实地重现历史，却要求有真实性。对于作家或编剧来说有点无奈，却也是利用历史、贴近现实的用武之地，一见高低。一九九九年日本实施《男女共同参与社会基本法》，建构男女尊重彼此的人权，充分发挥能力的社会。于是，作为女性第一个执掌大河剧制作的浅野加寿子一反以前描写战国时代女性们躲在男性背后一个劲儿忍耐的套路，要让她们更强些，突出松，演夫妇故事，这就是二〇〇二年的《利家和松》。

一九七三年《窃国故事》的制片人曾说：

要在电视剧中突出去年就任总理大臣的田中角荣的年轻宰相的能量。传闻昭和天皇很爱看这部大河剧，当然他本人从来不会把人名、书名等固有名词说出口，因为对臣民要一视同仁。

二〇一三年四月二十五日内阁总理大臣安倍晋三却发话："我当了总理大臣以后，总是腾出周日的晚上看《八重樱》，但吉田松阴的写法很失败，太糙了。还有久坂玄瑞也写得有点太轻了。那可太小瞧长州了。"《八重樱》描写与长州藩敌对的会津藩士之女八重，戊辰战争之后和新岛襄结婚，跟他在京都开办私学同志社。吉田松阴游历东北时遇见少女八重和她哥哥（吉田著有《东北游日记》）。一国的首相以个人之好恶对娱乐节目说三道四，意不在历史或文化，与前总理大臣麻生太郎抱着一堆漫画乘车异曲同工，无非拉选票。安倍本人生长在东京，继承老爸的选区却是在山口县，那里明治维新时代有长州藩，出了吉田松阴、久坂玄瑞等人物。安倍是第八位从长州起家的首相。二〇一五年大河剧《花燃》匆匆预告时题材与人物都未定，先行定下了场所——山口县。该剧主人公是吉田松阴的幺妹文（后来叫美和），此外历史人物有安倍总理大臣公言尊敬的长州志士吉田松阴、高杉晋作等。媒体批判《花燃》是"NHK阿谀安倍政权"。NHK会长籾井胜人就竹岛问题、钓鱼岛问题说过这样的话："政府说'右'，我们不可能说'左'。"节目的内容"不能跟日本政府离得太远"。可见，NHK的中立、公正也不过是与谁比较而言罢了。

早在一九七五年电影评论家佐藤忠男批评大河剧是站在统治者一边的说教，有云："视听者年年陷入被喋喋不休地说教志士、武将、将军、军师、地方官之类的武士阶级精英们如何怀抱深深的苦恼与诚实正确地领导我们人民的窘境。"这里的"人民"一词日本几乎不用了，代之以"国民"。日本人那种卧薪尝胆、持之以恒的国民性最令人起敬，大概耐心看一年的大河剧也是国民性训练。一九九〇年代以来大河剧人气似趋于低落，但眼下仍然是"国民的节目"，因为别的好像也没有什么可看的。

游戏三国志

三十年前东渡日本,参加出版业聚会,我是场内唯一的中国人,一位中年人特地走过来结识。原来他的公司叫"光荣",把"三国志"制作成电子游戏。我当然读过《三国演义》,甚至也读了些《三国志》,小人书(连环画)更是小时候看了多少遍,还照着画过战马战将,却不知电子游戏为何物。不过,一年后回国探亲,带回来的"大件"就是电子游戏机了,那时儿子正在读小学五年级。

日本令我这"友邦人士,莫名惊诧",其一是惊诧三国在日本的盛行及其读法。

中国四大古典小说之一《三国志通俗演义》,我们通常就叫它《三国演义》,而日本略称为《三国志》。中国说"三国",日本说"三国志",往往让我们误以为陈寿的史书《三国志》。中国有二十六史,对于日本来说,最重要的恐怕非这部《三国志》莫属,因为陈寿在其中的《魏书·东夷传》里替倭人也就是后来的日本人记下了一段最古远的历史,"倭人在带方东南大海之中,依山岛为国邑,旧百余国,汉时有朝见者,今使译所通三十国"云云。《三国志》成书不晚于二七八年,而日本最初用文字记载自己的历史是七一二年,叫《古事记》。七二〇年编撰的日本第一部编年体正史《日本书纪》曾引用陈寿《三国志》,七六〇年已有书籍把董卓认定为奸臣形象。日本人上溯历史,大致说得清的,就是到三国时代,或许当作了本国的历史才那么喜爱"三国志"。

一六八九年至一六九二年,京都天龙寺僧人义辙、月堂兄弟以湖南文山的笔名用文言体日文译成《通俗三国志》,刊行于世,先是在上层社会随后在民众间流传开来。从此,无论两国的关系友不友好,日本一直与中国共有这部古典文学作品。评论家桑原武夫说他反复读了二十多遍，这是读其他书从未有过的。译本有多种，如宫川尚志译《三国志》(明德出版社一九七〇年出版)，立间祥介译《三国志演义》(据毛宗岗本，平凡社一九七二年出版)，村上知行译《全译三国志》(据毛宗岗本，社会思想社一九八〇年出版)，小川环树、金田纯一郎译《全译三国志》(以毛宗岗本为主，参照弘治本，岩波书店一九八二年出版)，井波律子译《完译三国志演义》(筑摩书房二〇〇二年出版)，井波也与人合译史书《三国志》。

不过，通常日本人所说三国志并非罗贯中的《三国志通俗演义》，更不是陈寿的《三国志》，而是指吉川英治的小说《三国志》。吉川"少年时熟读久保天随的演义三国志"(全称是《新译演义三国志》，至诚堂书店一九一二年出版)，依据《通俗三国志》等译本用现代感觉进行再创造，从一九三九至一九四三年连载于《中外商业新报》，后由讲谈社出版单行本。自序道："并不做略译或摘抄，而是把它写成报纸连载小说。刘玄德、曹操、关羽、张飞等主要人物都加上我的解释和独创来写。随处可见的原本上所没有的词句、会话等也是我的点描。"吉川把中国的古典名著改写成日本民众喜闻乐见的大众小说，从此他们读三国志大抵是"这个国民文学"了。中国文学研究家立间祥介讲过一则笑话：他翻译了《三国志演义》，有读者来信斥责他不忠实于原典，因为和吉川英治所译完全不一样。这位读者很有点猛张飞，但由此可见，吉川的"翻译"是和原典《三国志通俗演义》大不相同的。

某文学博士说："三国志的世界是男人们的世界，但背后还有个女人的世界。"吉川《三国志》里女人都跑到前台来。全书分桃园、群星、草莽、臣道、空明、赤壁、望蜀、图南、出师、五丈原十卷，最后还有一卷《篇外余录》。他写道："孔明一死，呵笔的兴致和气力顿时都淡弱了，无可奈何。"何止他，几乎所有日制三国志都是到"星落秋风五丈原"戛然而止。起因是土井晚翠有一首诗，叫《星落秋风五丈原》，充满了伤感，在明治时代大流行，构成日本人对诸葛亮的感情基调，仿佛把三国的历史结束在五丈原。日本搞侵略战争的年代这首诗被唱成军歌,"丞相病不起"也唱得铿锵有力,鼓吹为天皇尽忠。

吉川《三国志》以刘备为主人公,曹操也不取中国舞台的白脸形象,更为人性化。日本人读三国志,最喜欢的情节是三顾茅庐,最感动的场面是五丈原。中国文学研究家中野美代子说"中国人喜欢张飞而日本人喜欢孔明"。她还说,"近于妖"(鲁迅语)的孔明更符合日本人避免明确性、有点喜欢神秘气氛的特质。江户年间争论诸葛亮有无王佐之才,无论说有说无,都大赞关羽和诸葛亮是至忠的烈臣。长久以来诸葛亮的"智绝"和"万古云霄一羽毛"的人品让日本人感动不已,对忠孝观念、道德涵养有极大的影响,在高中生的心目中他是第五位备受敬重的中国历史人物。

我们只有一部三国,而日本以陈寿《三国志》或者罗贯中《三国演义》为底本改写而成的三国志不一而足。除了吉川英治,还有一些现当代作家创作了各种各样的三国志小说。例如柴田炼三郎的《英雄三国志》,他在庆应大学读过中国文学,和吉川英治同样以《三国演义》为底本，又增添了剑豪小说的色彩；陈舜臣的《秘本三国志》以五斗米道为中心大胆地改写，他也写过《诸葛孔明》《曹操》；北方谦三以史书《三国志》为原典，创作十三卷长篇小说《三国志》，分别用刘备、关羽、张飞、诸葛亮、曹操、曹丕、司马懿、孙坚、孙策、孙权、周瑜等人物的第一人称视点写故事，也编造了一些人物，如张飞妻董香、诸葛亮妻陈伦、吕布妻瑶。和吉川英治一样，北方也是写到诸葛亮病故为止。三国志不断地花样翻新，但最为普及的是吉川英治《三国志》，人们今天仍然爱读。

日本人动用各种媒介，三国志读法之多，从读到看到玩，大概也堪称世界之最。读的是小说，看的是漫画和影视剧，玩的是模拟游戏。一九八三年NHK电视台播放偶人剧《三国志》，是根据立间祥介翻译的《三国志演义》改编的，由偶人美术家川本喜八郎创作了二百来个偶人，据说诸葛亮的头做了四次才满意。一九九二年上映费时十年制作的电影动画片《三国志》，共三部，编造了一个诸葛亮的女儿凤姬。电子游戏《三国志》上市，玩的人参与到三国志当中，但三国志战斗历时二百年，人物超过三百多个，玩游戏不易掌握，难以尽兴，所以，尤其是大学生，很喜欢看漫画三国志，不仅看起来津津有味，还可以收集游戏攻略所需要的资料。横山光辉是与手冢治虫、石之森太郎并驾齐驱的漫画家，他的《三国志》是漫画三国志的先驱之作。以吉川《三国志》为底本，又加上他独自的见解，故事演义到蜀国灭亡。人物造型打破中国传统的形象，例如以肥胖出名的董卓被画成瘦子，吕布满脸胡髭。自一九七二年至一九八七年连载十五年，获得日本漫画家协会奖。横山光辉说过："我的史传作品说来是入门，《水浒传》也好，《三国志》也好，但愿能引发读者的兴趣，进而去读小说或史书。"从一九九四年连载到二〇〇五年的漫画《苍天航路》以曹操的一生为主线描画三国时代。六〇后漫画家王欣太是大阪人，被约稿之前连曹操、刘备的名字都不知道，开始画三国志起了这么个笔名，是为了进入中国人角色。这部作品随后改编为电视连续动画片，并制作模拟游戏。

率先制作三国志模拟游戏的是光荣公司，自一九八五年以来持续三十多年，二〇一六年发行"百花缭乱的英杰剧"《三国志13》，是日本最长寿的电子游戏。在手机全盛的今天，三国志游戏人气更旺，简直达到了饱和状态。例如，游戏被放置也继续进行的《萌姬们的物语》、全世界下载三千万次的战略游戏《三国天武》、据说全世界用户多达二亿以上的《你和我的三国志》、说大阪方言的《忒三国关西战记》、二〇一七年发行的动脑类型《乱世演武》，等等。

世界文学史上恐怕再没有任何一部作品像《三国演义》之于日本，被别国读得如此长久、广泛、深入，简直读成了奇迹。但毕竟不是自家的东西，也就不那么敬畏，不乏胡编乱造，好似郭德纲说相声，随意拿日本耍笑。我们对自己的古典，甚至对别人的古典，往往视若神圣不可侵犯。读自家的文学，读者都像是当事人，而翻阅外国小说可能有置身事外的清醒一面。况且翻译的语言往往带有解说性，古典被现代化，譬如日本人评价诸葛亮就会用能力主义、活用人才之类的流行话语，以致改变了读者的读法。有人这样说：三国志的最大魅力是谋士的活跃，在今天的日本企业里许多经理所苦恼的就是缺少这样的谋士。决定重大方针之际，征求干部们意见，得到的往往是评论家式的答复，什么"我认为成功率约有百分之六十"之类，而三国志的谋士们积极地献策、争论、劝诱，掉脑袋也不悔，这正是今天日本所需要的。他们把三国志读成人生训、处世方、成功法、组织学、领导术、战略论，千奇百怪，尤其被经营者奉为座右之书。当年觉得耳目一新，后来我们也学来了这种读法。

起初模拟游戏《三国志》时代背景和人物能力的设定以古典《三国演义》和吉川《三国志》为依据，后来逐渐地照准史书《三国志》。横山光辉的漫画三国志也是越画越注重服饰、武器等的历史考证，虽然是漫画，是游戏，娱乐之中也尽可能给人以正史乃至史实的知识。

正史未必彻头彻尾是史实，《史记》的文学性即表明这一点。演义自古与正史并行，它更多地表达民间乃至民众对历史的见解和情感。

演义与正史的区别无非在所含史实的多寡。历史如故,"演义"方式则多变,随时代的演进而演变。评书、小说、影视,现而今到了网络时代,游戏来演义历史就当仁不让了。不能指望游戏去挖掘史实,那不是它的天赋与使命,它只是把历史变得有趣,壮大着历史爱好者的队伍。即使引用古诗词和戏词,也只是增加知识含量,并非更走近正史。当史学家跟娱乐较真时,不是我们把历史玩完了,而是史学家已变成呆雁,玩不动历史。游戏应该寓教,但没有替代课堂的义务,不必当"东皇太一"。

中国的古典丰富了日本人的想象力,激发他们的创作力,从小说到漫画、影视、游戏。反而是我们本家背上了古典的包袱,以卫道者自居,不敢越雷池半步,有些人就像电视剧流行的狙击手一样,趴在见不得人的地方等着打出头鸟。日本的漫画、动画片以及影视内装了很多中国文化,特别是《三国演义》和《西游记》两部古典文学,这也是我们感到亲切、易于接受的奥秘所在。他们的成功早已证明漫画、游戏等娱乐是引起别国民众对日本的文化和历史热心与关注的最有效方式。把中国的历史及文化更多地加以"现代化",并使之走向世界,只能靠我们自己。最终,荣耀属于王者。

谷崎润一郎与中国

常见媒体说鲁迅与诺贝尔文学奖如何,其实,诺贝尔文学奖评选保密五十年,鲁迅那段莫须有,申请评委会开示即真相大白。日本媒体就是这么做,所以确切地知道谷崎润一郎曾七次入围诺奖,1964年被列为"特别值得注目的作家",但最终奖给法国的萨特,却拒而不受。评委会要从语言和地理上扩大该奖项,派人到日本调查,甚至考虑过同时奖给谷崎润一郎和川端康成。1965年谷崎病逝,诺贝尔不奖励死者。1968年川端康成获奖,2019年初评选记录也揭晓。谷崎和川端的推荐都是三岛由纪夫撰写的,评价谷崎以最高水准成功地融合古典性日本文学和现代性西方文学;主题看似被限定，其核心常有理想主义者的批评感觉；洞察人的本质之尖锐显著呈现于美的世界，令人惊讶；他一直做着纤细而光辉、虚幻而厚重的堪称艺术的工作。

谷崎是日本文学史上最重要的文学家之一，现今仍然被研究者重视，但对于一般读者来说，其人其作已有点过时，年轻人难以理解《刺青》所描写的变态的"工匠精神"。名气反倒是走出国门更大些，尤其在中国，简直像补课一样捧读或滥读太宰治、三岛由纪夫、夏目漱石、谷崎润一郎等日本作家。他将通俗的故事与艺术的形式完美地结合，在纯文学领域别开生面，并且是侦探小说的先驱。当然也有人不以为然，例如小说家中上健次把谷崎叫作"故事猪"。谷崎笔下"'女性之美'发挥绝对的恶魔力量成为胜利者，男人跪拜其前丝毫无悔"，可今天的女性会觉得受辱也说不定。

谷崎润一郎生于1886年，比1867年出生的夏目漱石晚一代，比1909年出生的太宰治早一代。他记得夏目漱石在一高教英语时，每当在走廊或操场上遇见都行礼，惜乎漱石不担任他们年级，没有机会亲聆教诲。永井荷风、芥川龙之介大致和谷崎同代。作为同代人，他们都从小读汉文，虽然已经不能像森鸥外、夏目漱石那一代擅长作汉诗，但具有汉文素养，毕其一生喜爱汉诗文。谷崎在《青春物语》中写道："还有一个给我力量的是荷风先生的《美利坚物语》的出现。我大学二、三年时患上严重的神经衰弱，到常陆国助川的偕乐园别庄易地疗养，那时才得读此书。想来很久以前，如漱石先生的《草枕》《虞美人草》，出过非自然主义倾向的作品，但没有人像此书的作者，反对自然主义的态度这般鲜明。至少我有这种感受。而且漱石先生的社会地位、文坛地位和我过于悬隔，觉得难以接近，而荷风氏是当时羁旅法兰西（？）的最激进的新秀作家，估计还是二十多岁的青年，我暗有亲近感，仿佛自己艺术上的血族早就出现于此。我将来若能登上文坛，首先想得到此人认可，沉浸于这样的日子或将到来的梦想。"谷崎一露头角，在庆应大学任教并创刊《三田文学》杂志的永井荷风便大声喝彩，赞他"成功地开拓了艺术的一个方面，这是迄今明治文坛无人能下手或者不敢下手的"。可以说谷崎和永井亦师亦友，和芥川则地道是朋友，所以芥川行文不会像称呼德富苏峰那样叫谷崎先生。他称赞谷崎的文章是"良工苦心"。谷崎第三任妻子松子本来是芥川的粉丝，芥川来关西，松子见偶像，结识了在座的谷崎。二人大跳其舞，芥川作壁上观。谷崎说一些你是我的女神、我是你的仆人之类的艺术性话语，松子离婚嫁给他，相伴终生。

谷崎从小爱学习，成绩优异，甚至被视为神童。十七岁作文"评厌世主义"，他这辈子不厌世，活得津津有味。三岛由纪夫曾评说，芥川龙之介的自杀对谷崎文学起到反作用，他一定以天生受虐狂的自信嘀咕：要是我的话，就更多地好好失败，这么样长命百岁。中国死了西太后的1908年，谷崎考入东京帝国大学国文学科。参与复刊《新潮》杂志，发表短篇小说《刺青》。因拖欠学费，1911年中途退学，这一年旅日六年的周作人携日本太太回国。周作人比谷崎大一岁，晚死了两年，便赶上文化大革命。

谷崎旅游过中国两次。

第一次是1918年，世界上打完第一次大战那年，三十三岁。动身四个月前，德富苏峰出版《支那漫游记》，谷崎当然拿它做攻略。德富苏峰从标榜平民主义转向鼓吹帝国主义，认为"中国从四千年的过去有很多伟大的政治家，日本将由于政治的贫困而亡国"，两次游历中国，1906年出版《七十八日游记》，1918年出版《支那漫游记》。明治政府成立后，与大清建交，人员往来频繁。时代所致，中国人东渡，往往意不在日本，而日本人西游，目标就是中国，更不乏入侵的意图，所以连哪里有小小的煤矿都记录在案。虽然日益西化，但是为明治维新发挥过作用的汉文化并未灭迹，甚至在浊流中掀起浪花，那就是"支那趣味"。

谷崎的短篇小说《鹤唳》（1921年）把这种"支那趣味"写得淋漓尽致。

——"我"租房住在离东京不太远的滨海小城，整个冬天窝在书斋里。3月的某日，天气晴好，午饭后曳杖散步，走到有很多别墅的小山那边，发现了一处石垣崩坏、杂草茂密的院落。扒墙头窥探，最先看见一只鹤，和一个身穿绚烂的支那衣裳的少女。院内虽然荒废，却不失雅致，有一座支那式二层楼阁。四方的檐头像八字胡一样啪地翘向天空，和栏杆联手弄出了"日本建筑不大见的幻想曲线"。正面有块匾，楷书"锁澜阁"。门开了，走出来一个四十岁模样的黄脸支那人。回家告诉老婆今天遇见了怪事，但老婆笑了，说：街上都知道，只有你关在书斋里一无所知。他们父女不是支那人。于是老婆讲了有关那个大宅院的传闻。

主人叫星冈靖之助，祖上代代是藩医，到了他爷爷，行医之余耽读汉籍为乐。父亲早故，寂寞的环境使靖之助变得性格阴郁，生活放荡。二十七岁的时候突然听从母亲，娶世家之女为妻，生女儿照子。母亲死后靖之助又落寞起来。厌恶家庭的空气，躲进梅崖庄。那里有祖父留下的支那文学，还有祖父的梅崖诗稿，一本接一本地浏览，也作起汉诗。身边的器物尽可能用中国造。某日突然说：我要去支那。不是说我要去趟支那，而是说去支那，好像去了就不再回来。他是想活在支那的文明和传统之中，死在那里。自己也好，祖父也好，总之，活在这贫弱的日本是因为间接受益于支那思想。自己体内流着支那文明的血。自己的寂寞非支那而无法抚慰。

然而一年前，照子已经十二岁，离家七年的靖之助突然回来了，站在本该永久抛弃的自家门口。瘦得地上找不到影子，腰无分文。而且不是一个人，还带回来一只鹤，和一个十七八岁的可爱的支那妇人。他像爱支那一样爱此女，没有她一天也活不了。他憧憬的支那现在全在于此女和鹤。照子问：支那是好地方吗？靖之助回答：好地方，图画似的国度。不久从支那运来建筑材料，拆除梅崖庄，建起锁澜阁，靖之助和支那女隐居其中，以至于今。

靖之助一句日语也不说，只是和支那女互相说支那语，笑声朗朗。他只许照子靠近锁澜阁。为了让女儿亲近父亲，母亲给照子买了支那衣裳。照子渐渐会说支那语，问父亲到什么时候才说日语，回答是一辈子不说日语。此后靖之助又厌恶被照子太亲近。

过了几天,街上口口相传,照子在院子里用短刀杀了支那女。支那女叫着乱跑,但人们以为那叫声是鹤唳。两个身穿支那衣裳的女人在绽开的芍药花旁边追来追去,支那女那双非常小的脚跑不过照子。照子把她按倒,用日语说"你是妈妈的敌人",噗地把短刀刺进她的喉咙。支那女的惨叫又像是一声鹤唳。

这个小说像一个寓言。

"支那趣味",这种崇仰中国古典文化、向往中国的趣味和情结是在千百年来吸收中国文化、与中国交流中形成的,和西方的所谓东方主义不是一回事,虽然在盲目地接受西方文化的背景下被凸显,很有点异样。无论西方的意识和话语如何迫使东方文化重编乃至变形,日本人仍是从东方的内部看中国,和西方人从外侧看中国全然不同。日本人看中国甚至是下意识的,而西方人总是有意识地看中国。谷崎润一郎所认识的中日差别不属于西方文化与东方文化的异质性。他描写的中国形象和欧洲文学里描写的东方看似有同样的特征,但谷崎的描写是历史的，而欧洲更多是地理的，各有远隔性。谷崎说得很清楚，"曾有许多人，包括我在内，认为东方艺术落后于时代，不看在眼里，一味地憧憬西方文物，乃至沉醉其中，可是当某个时期来临，又回归日本趣味，再趋向支那趣味"。如果不具备中国文化的素养和训练，即所谓"中国趣味"，看日本仅止于日本，即所谓"日本趣味"，那是终究看不透日本的。

　　明治维新以后，特别是甲午战争打败大清国，日本看不起"文化大恩国"了，这种心态似遗留于今。启蒙思想家福泽谕吉也启蒙了对中国的蔑视。即便是夏目漱石，也不能免俗，轻蔑中国人和朝鲜人。年轻作家们对中国古典不感兴趣，恐怕对日本古典也不感兴趣，把"支那趣味"看作思想陈腐，所以践行"支那趣味"近乎反潮流，是需要一点勇气的。"支那趣味"不是对未知的欲望，而是画家、文学家之流的日本文人想要去现地寻求、印证、落实他们从书本上获知的中国古典文学艺术印象，以及所引发的美好幻想。然而，幻想不是现实，现实中没有古诗文的中国，古代的时候也未必有。倘若一门心思到中国寻找桃花源，按图索骥，自然要大失所望，甚而对衰败中的中国产生厌恶。于是把中国分为两个，一个是古代的中国，一个是现实的中国，美化前者而丑化后者。

谷崎润一郎是一个特异的存在。他看中国、游中国的心态始终是平和的，似乎不大有失望。有时也抱怨甚而谩骂，那基本是游客的不满，也同样对待日本人导游、日本旅游团。这种心态大概要归因于他"没有思想"。谷崎不曾广阔地描写人世间，战争期间以妻子四姊妹为原型写《细雪》，不效力军事当局，也不是思想上有清醒的认识，而是性格所致，固执自己的意志。芥川龙之介访问中国，既负有报道之责，又本来是对于将来漠然不安的人，两相比较，谷崎会享受，把眼光局限于"支那趣味"，几乎不关注现实，梦也就不会撞碎。他登上天平山，远眺灵岩山，想起明人瞿佑所著《联芳楼记》里的两句竹枝词"馆娃宫中麋鹿游，西施去泛五湖舟"，那西施的故乡近在眼前，和访问日本历史古迹不同，觉得像非常遥远的梦那般遥远的东西一下子来到近前，真有种不可思议的心情。（《苏州纪行》，他把灵岩山当作西施的故乡，看来真"不知道西施的事迹"，西施故里在浙江的诸暨。）西湖让谷崎领会了林和靖的"水清浅"的含义与美，但芥川一言以蔽之曰"泥塘"，恶俗化景点。

谷崎的中国之旅，路线大致和德富苏峰一年前游历中国相同，后来芥川访问中国的路线也差不多，只是反其道而行之。这条经典路线反映了中国当时的情况。从下关上船，夜航到釜山。吃朝鲜菜，味道不佳。乘火车到奉天，游北陵。再乘火车到山海关，隔日抵天津，入住法租界酒店。两天后来到北京，逗留十来天。琉璃厂淘书，大栅栏听梅兰芳的《御碑亭》，新丰楼吃山东菜，游天坛，逛八大胡同。沿京汉铁路到汉口，乘船顺长江而下，泊九江，游庐山。又乘船到南京，游览夫子庙、秦淮河。去苏州，雇画舫游天平山，眺望运河。回上海，再往杭州。整整两个月，从上海乘船到神户，然后乘火车返回东京。芥川中意的是北京等北方城市，而谷崎越往南走，越后悔把钱浪费在朝鲜和满洲，因为南方才充分呈现中国古时候的风貌。

回国后不久发表《秦淮之夜》（1919年），有点像嫖娼纪行。某晚，月色好，吃饱南京菜，喝足绍兴酒，土生土长的导游领他去嫖娼，第一家太贵，第二家太丑，找到第三家暗娼，叫花月楼，哀求他留宿。砍价之后，价钱是第二家的四分之一，第一家的十几分之一，成交。芥川去中国之前创作了短篇杰作《南京基督》，"借重谷崎润一郎氏作《秦淮之夜》之处不少，附记以表感谢"。芥川写的比谷崎别有深意，似乎暗喻了殖民者与殖民地的关系。

1920年有人开办电影厂，谷崎受聘为脚本部顾问。创作《业余俱乐部》，拉来小姨子担纲女主角，老婆女儿也出演小角色。谷崎要把老婆让给好友佐藤春夫，就是打算娶这个小姨子，却被她拒绝，便翻悔出让，和佐藤绝交，当时谷崎构居小田原，被叫作小田原事件。谷崎把老婆留在小田原，搬到电影厂所在的横滨。房子是以前俄国人住的，周围住的都是西洋人。一年后搬回东京（他一辈子搬了四十多次家），房子是英国人住过的洋房，女佣会做英国式家庭菜肴，谷崎觉得吃到了真正的西餐。他从小爱吃中国菜，觉得远远比西餐好吃，去中国时吃"本场"的中国菜是主要的乐趣之一。谷崎还跟近邻的俄国人学跳舞和英语，追求时髦。这时的谷崎既满怀支那趣味，又迷恋西方。

但没有去欧美，1926年谷崎再度来上海，逗留一个月。回国后没再写中国题材的小说，写了游记《上海见闻录》和《上海交游记》。这或许是受了芥川龙之介的影响。鲁迅创作《阿Q正传》的1921年芥川作为报社特派员考察中国四个月，在报纸上连载《上海游记》《江南游记》。谷崎是名人，出游也就有写游记的"义务"，况且这次基本是与人"交游"。前度刘郎今又来，上海报纸报道他来沪的消息，杂志上刊登他的小说《富美子的脚》，沈瑞先译。接风宴上认识了内山完造，然后在内山书店二楼联谊，结识田汉、郭沫若、欧阳予倩。他们都是留学过日本的"海龟"，没有语言障碍，交流酣畅。恰逢除夕，欧阳予倩请谷崎到家里过年。田汉领他造访画家陈抱一，获得一只汲汲以求的广东犬。

1923年发生关东大地震，谷崎逃到关西，文学发生了巨大变化，甚至以前在关东写的好多东西他都不想认领了，在谷崎文学研究上也有了关西之前、关西之后的说法。应该说这种回归是关西和中国的合力造成的。1920年谷崎在小说《鲛人》中就让主人公说了这样的话：我从中国回来了。告别那尊贵的大陆——日本往昔文明的祖先和渊源，永久地作为日本人留在这里。我生长在如今中了西洋之魔的日本，想要从中发现美。可淳朴的自然到处都被破坏了。在这个原比中国规模小而贫弱的国家的自然中，到哪里去找倪云林的山水、王摩诘的诗呢？谷崎在京都、大阪、神户的关西之地蓦然发现了东京已消亡殆尽的传统日本，兴冲冲回归古典，审美为之一变。随笔《阴翳礼赞》恣意汪洋地赞颂还没有电灯的日本美，有意思的是自家盖房子，他断然拒绝建筑师给设计"阴翳"之美。1934年仍然在《忆东京》一文中说："支那并肩存在着新旧两样的文明，即留传前清时代面貌的平和闲静的都市与田园，和不次于电影上看见的西洋的上海、天津那样的近代城市。"要注意，他所说的新文明，那是在租界里。实际上，"上海这地方一方面非常时髦发达，另一方面给人以远远比东京更乡下之感"。（《上海见闻录》）

1927年伊始，外交部通知谷崎，法国上演他的戏剧《正因为爱》。这个剧名曾在厨川白村的著书《近代恋爱观》掀起的恋爱热潮中成为流行语。他给驻在上海的朋友写信，却说今年也不想去法国，还是去中国。

第三次终未成行。

谷崎的"支那趣味"终生不变，第二次旅游中国时结下的友情也始终不渝。每年都要把一幅欧阳予倩为他书写的七言绝句拿出来悬挂，缅怀故友。在日本见过"属于反重庆方面的几乎唯一有大名的文学家"周作人，1960年代受一个香港人请托，还曾为周作人购买食物。当年在中国喝得大醉，得到郭沫若照料，后来郭沫若身居高位，再三邀请谷崎访华，但他要等到两国恢复邦交，像前两次一样自费前往，悄悄去自己喜欢的地方，悄悄地游逛。

谷崎润一郎去世七年后中日恢复邦交。

那把砍掉三岛好头颅的刀

涩谷是旅游东京的一个景点。走出山手线涩谷站就面临路口，红灯变绿，人们各取所向过马路，挤挤插插，很可以体验一哄而起的感觉。都没有精准穿插的走队形本事，不免要一路躲闪相向而行的人。这个路口也成为卖点，景象更加壮观，交通也更加拥堵。每当我站在路边等红灯，总不禁直视对面的一块招牌，字挺大，但是在声喧与光耀之中并不算显眼，叫"大盛堂书店"。书店向来是我路遇就排闼（也有自动门）而入的，唯这大盛堂，望之却别有缘由——当年三岛由纪夫让人给砍下脑袋的日本刀就是这家店主赠他的。

店主叫船坂弘；本人用的是舩字，因生僻

常被写作船。他是枥木县农家的老三，1941年入伍，三八大盖打得准，拼刺刀也有两下子。两年后部队调到帕劳（帛琉）的安加尔岛，他一人击败很多美国兵。大腿负伤，军医看了看伤口，给船坂一颗手榴弹自我了断。他用太阳旗包扎了腿伤，一夜爬回阵地，居然第二天就能拖着脚走路。继续战斗，继续负重伤。打算用手榴弹自杀，拉了弦却没有响，于是把六颗手榴弹捆在身上，爬行三昼夜，摸到美军营地，正要冲上去自爆，脖子挨了一枪倒地。三天后从停尸房里活过来，美国兵惊叹"武士"。家里已经被通知"玉碎"，1946年却活着回来，看见佛龛上立着自己的牌位：大勇南海弘院殿铁武居士。当时还偏离东京中心的涩谷被美军炸得一塌糊涂，遍地搭起简陋木板房，别有活下去的生气。船坂在站前重新开张了岳父的小书店，某日，进来一个身穿学生制服的年轻人，叫公威，是常客平冈先生的儿子。

十六岁（1941年）的平冈公威创作了小说《繁花的森林》，被语文老师及其文学同仁赞为"悠久日本历史的天才"。考虑乃父反对儿子搞文学，杂志上刊登时老师们给他起了笔名：三岛由纪夫。缘由是车过伊豆半岛的三岛，望见冠雪富士山，"由纪"谐音"雪"。读东京帝国大学法学系，投给出版社几篇小说，却被以否定大家见长的文艺评论家中村光夫否定，大大打击了本来因战败而颓丧的三岛，觉得此生只有当官僚一途了。世上自有伯乐，"今后只有唱日本的悲伤、日本的美丽"的川端康成对三岛颇加青眼，助他发表短篇小说《烟草》。三岛不按文坛惯例称之为先生，他认为川端是恩人，给了他机会，但并非跟他学习写小说。这和他在酒筵上当面对太宰治说，我讨厌你的文学，同出一辙，这辙即一意孤行。有人说三岛其人扭曲复杂，我倒觉得他颇为单纯，凡事一意孤行，用时髦的话说，那就是坚持。他的文学，他的肉体，他的死，全都是一意孤行的成果。二十四岁时创作长篇小说《假面的告白》，"这回把一向对虚拟人物做心理分析的利刃转向自己，自己活活地解剖自己"，真正叫响了三岛由纪夫的大名。

　　生来羸弱，也没有鲁迅所赞赏的玩具，三

岛对自己的肉体很自卑。日本被美国占领，一般人不能出国的1951年，他作为朝日新闻社特别通讯员周游世界半年。在希腊遇见年轻人练出一身健美的肉体，难以置信，大发感慨："我们不具有肉体文化的传统，对体力的民族信仰潜藏着对什么超自然之物的信仰的影子。忠实于古代美术性基准的健美运动是日本文化传统最欠缺的新移植。"不仅文学要突破日本的阴柔传统，肉体也要有男子汉气概。那时候健身在日本刚刚兴起，三岛知行合一，回国就去涩谷站附近的一家健美中心咨询。因忙于写作，请教练每周来家训练他三回，不到半年的工夫练出一身疙瘩肉。看他拍摄的裸影，一身黝黑，颜色跟希腊塑像不同，咬紧半边牙的表情似乎也是佛教雕塑式。练过一阵子拳击，三十四岁时按照教练的建议练起了剑道；所谓剑道，也就是剑术，身穿护具，双手握竹刀，你来我往地打斗。1876年明治政府发布废刀令，废除武士的特权，禁止军警以外各色人等带刀。剑术变成了街头卖艺，或者武馆授徒，强调精神性，变"术"为"道"，恐怕宫本武藏穿越年代才知道剑道这叫法。三岛四十三岁晋升为剑道五段，又主动军训，组建世界上最小的玩具军队"楯会"。相中法国戴高乐将军的服装，亲自画草图，请曾经为戴高乐设计的五十岚九十九设计，用自己的稿费制作一百套。

在武馆里遇见船坂弘，练剑道已有些年头，和他结为剑友。船坂弘是战斗英雄。安加尔岛决战时中弹二十四处，三块弹片留在身上。好像他没有到处做报告，而是出版了十来本书，记述自己的事迹。稿费都用来在当年的战场建立纪念碑，刻上"为可贵的和平基础而勇敢战斗"什么的。和三岛越发亲密，带来书稿《英灵的大喊》请求指点，三岛给他撰写了序文。作为答谢，船坂赠给三岛一把他收藏的日本刀。这时三岛正在写《丰饶之海》第二部《奔马》，去熊本取材，那里发生过一些笃信神道的人反对明治政府废刀令的暴乱，三岛敬佩反时代精神，买了一把刀留念，但不是名刀。

日本纸、日本画、日本酒之类的说法是明治维新以后与西方文化相对而言，大有自立于民族之林的意思，唯独"日本刀"却像是中国人命名，古已有之。例如宋代政治家、文学家欧阳修写过《日本刀歌》，说"宝刀近出日本国"。在他看来，精巧的技术是徐福带去的百工所传，不过，他看重的不是刀，而是徐福还带去了未遭秦始皇焚书的先王大典，叹息日本竟不许再传回中国。大概中国人也最早从艺术的角度赏玩日本刀，但高价买来，只是要"佩服可以禳妖凶"。这就是宋人重文轻武的心态，那时日本已迈步跨入武士社会。

　　船坂弘馈赠的日本刀是"关孙六"，据说三岛由纪夫置于案头，写稿时经常抽出来把玩，虽然他说过，刀不是鉴赏的，是活物。船坂弘自责，也许这把刀刺激了三岛，想亲身尝一尝它的滋味。三岛切腹之前的11月12日至17日在东武百货商店举办"三岛由纪夫展"，分为四部分：图书之河、舞台之河、肉体之河、行动之河。行动之河的尽头展示这把关孙六。船坂弘赠刀时装在未加涂饰的木鞘中，被三岛替换了刀鞘，改装成军刀。刀鞘上系的带子叫刀绪，军刀的刀绪两面不同色，一面基本是褐色，另一面的各种颜色区别军阶。

关孙六是名刀。关,指岐阜县关市,古代属于美浓国(今岐阜县南部)。距今八百来年前,一个叫元重的刀匠从九州迁居到关,开启了此地造刀的历史,元重被奉为刀祖。真正使关之刀出名的是第二代兼元。至于为什么叫孙六,或说是屋号(商号),或说他是元重之孙,排行老六。兼元打造的关孙六深受战国武将们珍重,甚至一把刀换一座城池。刀,美其名曰剑,但锻冶行只说锻刀,不叫作铸剑,大概鲁迅小说《铸剑》里铸的才是剑。当今天皇要退位,皇太子将继承三种神器,其一是草薙剑,也叫作草那艺之大刀,但传闻确实是双刃的长剑。可能平安时代中期(901—1068)随着武士崭露头角并日益壮大,刀由直变弯,就美在弧度上。此后单刃的兵器几乎成为主流,平日里只见不动明王手持一柄剑。

1970年11月25日三岛由纪夫进入自卫队驻地,总监接见,还问了问三岛携带的刀真是关孙六吗,却遭到绑架。三岛五段大显身手,挥刀砍伤了几名上来解救的军官。有一帧照片:三岛站在总监室阳台上,身穿楯会制服,头束一条写着七生报国的白布，凝视手里的关孙六。接下来用此刀"介错"，也就是砍头。介错的招法属于居合道——单膝跪地，飞快地拔刀，一刀砍倒对方。三岛跟船坂弘的儿子学居合道，一年后一段合格。

发表了号召自卫队造反的演说，三岛回到总监室。脱光了上衣，跪坐在地毯上，呀的一声把短刀插入左腹，慢慢向右拉。健美的肌肉够硬实，这一刀却也太用力，插得过深，小肠迸出。楯会会员森田赶紧从侧面抡刀砍下。三岛教过他：眼睛不要离开脖颈子，一刀砍下来。刀砍在三岛右肩头，他喊了一声森田，第二刀把脖子砍断一半。另一名会员古贺接过刀，关孙六寒光闪处，咕咚一声，三岛的四十五岁好头颅滚出一米远。然后森田在三岛的尸体旁切腹，古贺介错，一刀两断。

三岛死后，乃父平冈梓出版《犬子三岛由纪夫》。船坂弘也在1973年10月出版《关孙六》，副题是"三岛由纪夫，其死之秘密"。当月重印了七次，但早已绝版。从旧书店淘来一本，书页发黄，价钱贵了二三十倍。

船坂弘写道：他大腿受伤，被一群美国兵包围，用一把无铭的古刀——以庆长（元年为1596年）为界，此前的刀叫古刀，此后的刀叫新刀，而天明（元年为1781年）以后到江户时代末的刀叫新新刀——砍倒几个美国兵，最后一个冲过来，被他砍掉手里的枪，刀也折断。敌人转身逃去，他得以幸存，好想要一把不折不弯的关孙六。

三岛问过船坂弘：这把关孙六能砍掉几颗人头？介错的刀是凶器，审理三岛事件的法庭请来刀剑鉴定家鉴定。他作证：有点镟刃了，也有点弯。材质相当软，锻造方法和孙六第一代、第二代不同。刃纹再尖一点儿，就像"三本杉"了。原来关孙六的特征是"三本杉"，这是刀基本成型后进行淬火，像绘画一样在刃上涂泥，淬火就留下花纹，好似连绵的波浪，匠人说那是三株杉树。鉴定家觉得刀纹不大像三本杉，未确认此刀是关孙六。这让船坂弘不爽，他写此书固然是记述他和三岛由纪夫的友情，颂扬三岛，但似乎更刻意地辩解他赠给三岛的刀实乃关孙六。之所以镟刃，是砍到三岛的大臼齿上了。

船坂弘访问第二十七代孙六。这位刀匠十四岁入日本刀锻炼塾学徒八年。竖一捆青竹试刀，或者把薄铁板放在木台上试刀，觉得不过瘾，本来刀工免服役，但日本发动战争，天赐江户时代所没有的良机，1944年志愿入伍，在中国大陆的中部地区实际体验了关孙六的锋利。他说："砍过敌人的钢盔、枪身，没有这种体验，不知道锋利的实感，就不明白孙六的特征。"也试了各种日本刀，相比之下，关锻造的日本刀不折，不弯，锩刃不明显。可怪的是，真的只是砍砍钢盔枪把子，何必上战场。

船坂弘写道："那把日本刀突然遮断了洋洋未来被展望的稀有天才的将来。"恐怕这话拉低了三岛的思想水准。还是老爸更了解儿子，说：倒是这把刀成全了他，让他作为武士而死。三岛的尸首缝合后火化，践行文武两道，死后谥号是"彰武院文鉴公威居士"。武在上，文在下，这个武字是他生前要求的。他说过："到1970年，说不定我也必须投笔归于武士之道。"给友人写信，还曾把名字谐音为"魅死魔幽鬼"。从人生到文学，三岛的一切仿佛都是设计好的，按部就班，人工的人生，人工的文学。当时大大小小的媒体一律地予以批判，作家则大都把三岛的死视为"三岛美学的完结"。武田泰淳说："我和他文体不同，政治思想相反，但一度也不曾怀疑他动机的纯粹性。"

三岛由纪夫赴死之前把一切事情都办妥，当天交出了《丰饶的海》第四部《天人五衰》最后一部分稿子，不像太宰治死得那么潦草，简直是"终活"（自己做好人生终结的准备）的典范。《天人五衰》整个笼罩着死亡。被说成永恒的天人也在飞行中头上的花枯萎，腋下出汗，衣服也渐渐肮脏，"肉体处于时间之中，无非被用来证明衰亡，证明灭绝"。命运观里最高的东西是轮回，是联结永远和现在的圆环。轮回可以把眼前的失败、破灭当作一个现象相对化，从永恒的视点拯救心灵。不是像佛教所说的脱离轮回，而是在轮回中得到永生。

三岛是率先走向世界的日本作家，也让世界知道了日本是切腹的民族。他写过《叶隐入门》，说《叶隐》一书是他当作家的活力之源。

《叶隐》开头有一句"武士道乃发现死",看清死是武士的天职。书中一些话可以在当今朋友圈里流行,例如"人的一生实在短暂,应该做喜欢的事情度过"。此书的背景在于太平之世"年轻人太娘了"。三岛在生中找死,他死后,人们从他的文学中"找"死。关于死,中国人是死后变鬼,日本人是死后成佛,前者丑化,后者美化,这是中日生死观的根本不同之处。移植了西方的肉体,然后用日本刀毁灭,对于三岛来说,或许再完美不过了。

日本刀的功用是杀人。1588年丰臣秀吉发布刀狩令,借口铸造大佛,收缴各地农民的武器。德川幕府只许武士带刀。刀成为武士特权意识的象征,以致形成了刀是武士之魂的念头。明治维新后禁刀,美军占领后收缴日本刀,甚至传说用电波探查。在禁止的过程中日本刀越来越异化为艺术品,既然是艺术品,持刀许可证由各地教育委员会发放也就不足为奇。

警察将那把关孙六归还平冈家,收藏在遗孀的金库里,应该以至于今。

关市有一座梅龙寺,孙六家历代坟墓在

那里。第八代捐献颇丰，寺里有孙六家的家谱，从第八代记起，因为第七代往上，战乱之世，虽然一直居住在美浓国，但住所不定，家系和坟墓已湮没无闻。江户时代杀人用的刀需求减少，关地也开始打造菜刀镰刀。明治维新后仿造欧美小折刀之类。大正年间生产西餐刀叉，昭和年间生产剃刀，战争年代又制造军刀。现今生产各种带刃的东西，统称刃物（刀具），据说与德国索林根齐名。市场上常见的"关孙六"是刀具厂家贝印的品牌，刀铭出自关孙六第二十七代传人之手。

关市自称刀都，每年秋季举行刃物节招徕旅游。我曾在集市上买了一把指甲刀，果然很好用。男人要有一把好的指甲刀。

村上若不来东京,或许不会写小说

记得三十年前,东渡不久,喝酒聊天时日本编辑行的朋友问我想读什么书,我说"くがいじょうど"——《苦海净土》。

这是一本揭露、控诉水俣病的书。熊本县水俣一带,工厂向海里排放的废水里含有水银,造成公害,发生水俣病。患者手脚麻痹,语言障碍,不是衰弱至死,就是留下后遗症。

作者石牟礼道子本来是一个家庭主妇,在医院里遇见了这种"奇病"的患者,引起关注,以探病的方式进行采访。用四十年时间写完三部曲,九十岁去世。几年前有个叫池泽夏树的文学家以个人之力编辑了一套《世界文学全集》,河出书房新社出版,唯一从日本文学选收了《苦海净土》。池泽认为，这个作品是"战后日本文学的第一杰作"。之所以想读，是因为出国以前对所谓"公害小说"比较感兴趣。说来中国的环境保护起步并不晚，上世纪七十年代各地纷纷成立环保局、环保研究所和监测站，但是很可惜，只是多了大锅，多了交椅，环境状况却每况愈下，以至于今。

朋友正好是熊本人，听说我想读此书，面露惊疑之色，说：那本书可不好读。我以为他指的是有关工业及污染的知识，后来从图书馆借来，一看傻了眼——本来日语水平就不高，这本书全是方言土语。那时候还不像现在，可以上网查一查，但现在上网查，能查到的也多是大阪或京都的词语，而《苦海净土》是九州岛那边的地方语言，在网上也不易查到。

我们读日本文学，特别是小说，不大会遇见方言。这不是日本作家们不使用方言，而是我们的译者把它给抹杀了。方言不好译，首先就难在译成哪里的方言。日本的古文也被译成现代中国语。例如《源氏物语》，一千年前的作品,据说是世界第一部长篇小说,日本人已经读不懂,一百多年来不时有作家把它译成现代日本语,也就是白话文。最早的译者是女歌人与谢野晶子,后来有谷崎润一郎,这二位都译了三次。此后有十几人翻译,多数是女作家。最近女作家角田光代又翻译。日本年轻人读的基本是这些人翻译的"现代小说",而我们中国人读的是原典,因为说是据原典翻译的。小说不单讲故事,而且是语言的艺术,但译文往往只剩下故事。古文也好,方言也好,统统被翻译成现代中国语。日本在中译本里被统一。

我们读夏目漱石的小说,晓白如话,一点都没有一百年以前的感觉,这是拜译者之赐。当今日本人读夏目漱石,难度可能不亚于中国年轻人读鲁迅。夏目漱石的文体属于汉文系统,某文艺评论家推荐汉字入门书,列举了夏目漱石的《虞美人草》。他写《草枕》之前重读了《楚辞》,满纸汉字词,如珠如玑,我们傻看都会有美感,却难为了假名横行的日本年轻人。夏目漱石是美文家,鲁迅说他"以想象丰富,文辞精美见称",我们从译本或许能领略想象的丰富，文辞精美就走味了。

　　日本文学有一个特点，那就是东京出身的作家非常多。例如，夏目漱石、芥川龙之介、谷崎润一郎、三岛由纪夫，这些我们耳熟能详的作家都是东京人。外地出生的人，如川端康成（大阪）、大江健三郎（四国爱媛县）、村上春树（生在京都，长在兵库县），也荟萃东京。以前有些文学家住在镰仓，离东京不远。当年自然主义派的人物大都来自地方，学历也不高。例如正宗白鸟，是冈山县出身，读的是东京专门学校，夏目漱石曾一边读东京帝国大学一边在这个学校执教。田山花袋是群马县出身，没有在东京读过书。岛崎藤村是岐阜县出身，在东京读过明治学院（后来的明治学院大学）。非自然主义派的夏目漱石、芥川龙之介、谷崎润一郎都是东京帝国大学毕业。森鸥外虽然生在岛根县，但十岁随父亲进东京，毕业于东京帝国大学医学系。永井荷风读的是官立高等商业学校附属外国语学校清语科。所以，自然主义文学似乎有地方色彩。

历史小说家司马辽太郎一直住在大阪，这样的作家不算多。女作家田边圣子是大阪人，用大阪话创作方言文学，近年来也有川上未映子用大阪话写作。清水义范是名古屋人，擅长谐仿文，得过"把名古屋话推向全国之会"的功劳赏。但除了京都、大阪，其他地方的文化势力太弱，基本形不成地方文学。文学倒像是东京的地方产业。说来我们中国不仅北京，哪里都作家成群，例如上海，或者香港、台北，几乎能抗衡北京作家群。北京土生土长的作家似不可谓多，尤其是一流作家。

村上春树是关西人，假如他十八岁没有来东京读早稻田大学，而是一直在关西（京都、大阪、神户一带）悠然度日，或许就不要写小说。关西生，关西长，说的是关西话，但来到东京说东京话，使用双语，自然而然地意识语言问题，头脑多层化。这样在东京生活七八年，蓦地想，不能用第二语言（东京话）写小说吗？大概这是他在东京的神宫球场看棒球时想的。

村上春树的小说使用标准语，几乎感受

不到地域性，人们自然要问他：怎么不说关西话？

二〇一四年村上春树把六个短篇小说辑在一起，出版了《没有女人的男人们》。其中有一篇《昨天》，这个题目取自披头士的歌名。借用现成的标题是村上春树的一贯伎俩，不免有取巧之嫌。小说中的"我"姓谷村，关西人，到东京读早稻田大学文学系，完全不说关西话，这正是村上的经历。大二时谷村在打工的地方认识了木樽，二人同是二十岁。木樽是东京人，却能说一口完美得过分的关西腔，泡澡时爱用关西腔调唱披头士的歌《明天》，但歌词是他自己胡编的，什么"昨天／是明天的前天／前天的明天"。最后，小说的"我"暗想：明天会做什么样的梦，谁也不知道。我们就好好活着吧。翻看了海峡两岸出版的译本，哪边都没有翻译木樽说话的关西腔。

《明天》里讨论了关西话问题，譬如，关西人到了东京说东京话是常识，很正常，但东京人在东京说关西腔是偏执，会招人讨厌。这是一种文化歧视。文化应该是价值相等的，东京话并不比关西话高贵。木樽的漂亮女友反驳："价值或许相等，但明治维新以来，东京语言大体上成为日语表现的基准哟。那个证据，例如沙林杰的《法兰妮和卓伊》，不就没有出关西话翻译吗？"

小说中的"我"，也就是村上春树本人，为什么不说关西话呢？

他写道：

> 我来到东京，完全不说关西话了，有几个理由。我到高中毕业一直用关西话，一次都没讲过东京的言语。但是到东京一个来月，就发现自己很自然、很流畅地讲着这种新言语，吃了一惊。我（自己也没有发现）或许本来是变色龙的性格。也可能语言的音感比人好。总之，说自己是关西人，周围也没有谁相信。还有，就是想变成和以前不同的人，这是我不用关西话的一大理由。

> 把一切一笔勾销，作为一个倍儿新的人在东京开始新生活。在这里尝试做自己的新可能性。而且就我来说，抛弃关西话掌握新语言，

是为此的实际的（同时又是象征的）手段。

要在东京造就一个全新的自己，或许像我们的"北漂"，不管明确地意识与否，都怀抱借环境改变自己的意图或理想。所谓环境，不仅是地理的，也是语言的。村上春树从小在神户跟着父亲当关西棒球队的粉丝，但来到东京，就变成东京棒球队的粉丝，这样的变色龙也许就是"接地气"。我们的"北漂"有户口问题，不容易落地生根。

作家使用关西话，也就是方言，地域被限定，也就限定了读者的范围。村上翻译过美国作家沙林杰的小说，老早以前也闪过用关西话翻译《法兰妮和卓伊》的念头，可不知能否被接受。这里说的使用方言，不是指那种点缀式的，偶尔用三言两语。川上未映子获得芥川文学奖的小说《乳和卵》是用关西话写的。二〇一七年她和村上春树出了一本书，一问一答，叫《猫头鹰黄昏起飞》。其中也谈到《刺杀骑士团长》，自然是一番解说。小说家需要像当代艺术家那样絮絮叨叨地解说自己的作品，有点怪怪的。

村上春树还写过一篇随笔《关于关西话》，大致是这样的意思：

> 我是关西生，关西长。父亲是京都和尚的儿子，母亲是大阪商家的女儿，所以大概也可以说是百分之百的关西种。当然用关西话过日子，其他语言都属于异端，用标准语的人里没好的，接受了这种很民族主义的教育。来到东京最惊讶的是，我使用的语言一周内几乎完全变成标准语，也就是东京话。同时来东京的朋友责怪：不要说傻瓜的话。但我认为，语言是像空气一样的东西。去那里的土地就有那里的空气，有在那空气里的语言这东西，难以违抗它。首先口音变，然后词汇变。这个顺序要是反了，语言就很难掌握。词汇是理性的，口音是感性的。我总觉得在关西不好写小说，这是因为在关西怎么也得用关西话思考。关西话里有关西话独自的思考系统，陷入这个系统中，在东京写的文章，质量、节奏、构思就都变了，甚至

连我写的小说风格也一下子变了。我觉得，我要是一直住在关西写小说，就会写感觉和现在大不一样的小说。如果有人说那不挺好吗，可就难堪了。

日本文学出现大江健三郎、村上春树，改变了以往只是以日本读者为对象的地方文学式的创作态度，转而以全世界的读者为对象。这种文学态度也促使语言不能局限于地方，必须使用标准语，进而翻译成通行世界的语言，走向世界。

村上春树从高中时读英语书，养成用英语读书的习惯。从关西话到东京话，再到英语，多层化语言环境造就了他的文学风格。有一个左翼评论家，叫佐高信，批判村上春树，说过这样一段他自以为得意的话："有'类、种、个'的概念。个人之上有种族，种族之上有人类，但村上春树的小说里不出现'种'，不出现民族或者国家的问题，也可以换一个说法，那就是政治和社会。避开这种麻烦的问题，他飞上人类。往来于个人与人类之间度日。大概离开日本住在美国也是因为不必考虑难缠的种的问题。他居然罕见地有关于地铁沙林事件的现场采访，却几乎像高中生的观察笔记。"这个批判充满了恶意，但"类、种、个"倒是相当于村上的语言结构，有三个层次，那就是某个地域使用的"方言"，这是自生自灭的语言；作为一国通用的"标准语"，具有规范性；还有全球性普遍语言"世界语"。近代以来，先是英国，后是美国，用武力和经济力量使英语成为普遍的世界语。但近代以前，起码在东亚，世界语是汉语汉文。

华裔日本作家陈舜臣的语言生活是这样的：在家里平常说福建话，而通用语言是北京官话，和左邻右舍说关西话，写小说使用非常有逻辑性的标准日语。

日本从中国传入了汉字，当初未必是拿来的，可能是大陆人带来的。假如日本离中国再远点儿，作为太平洋上的岛屿，说不定更长的时间里不会有文字文化。日本与中国相隔的距离恰到好处，既能拿来汉字的文字文化，又有一段距离，使它不至于被汉文化淹没。中国鸦片战争以后，日本也没有成为欧洲列强的殖民地，不曾被强加某种语言作为国语。反倒是它，一度占据了朝鲜、台湾，用日语取代当地语言。

江户时代日本人读《左传》《汉书》，熟记在心，以此训练写文章。对于日本人来说，汉文不是说的语言，而是写文章的语言。出生在武士家，五岁左右开始跟着父兄读《孝经》和四书五经，是素读，不管意思，大声地诵读，乃至背下来。现在到处开朗读会，也可说是复古，从音读到默读，又返回音读，但好像主要是一种社交活动。素读两三年，然后进藩校（各地诸侯开办的学校）或学塾，继续读汉籍。例如福泽谕吉在他的《福翁自传》里说他十四五岁的时候，发现左邻右舍都读书，只有他不读，名声不好听，于是志于学，特别是《左传》，通读十一遍，有趣之处能暗诵。不过，这位启蒙思想家没读过《万叶集》《枕草子》等日本古典。倒是我们中国近来不仅翻译他的《学问之劝》，还翻译了《万叶集》《枕草子》等，或许从中能读出一个两个启蒙家来。

江户时代上层知识人、贵族、僧侣使用纯

正的汉文。中层的人做实事，他们是武士、农工商的上层，用的是被改造的或者说没学好的汉文，写出的文章叫"候文"。下层民众没有文化，只能说当地的固有语言，也就是日语。日本从古到一百多年前没有用本国语言的标准性文章。所谓标准性文章，指那个国家的知识人普遍使用、长期稳定、国内到处行得通的文章。中国有这种标准性文章，那就是所谓"文言"，至晚在汉代就成型了，相对稳定地沿用到二十世纪初，全国各地哪里都通用。各地有各地的方言，日常语言不断地变化，而文言作为国语是语言的精粹。标准语经常由于统治者的意志而变化，方言被封闭在一地，变化比较少，却也可能被标准语消灭。

　　日本用荷兰语研究西方学问，叫兰学，兰学家们翻译西方解剖书，用的是纯正的汉文。江户时代末，对英语的重要性最早做出反应的是那些具有汉文素养的人。司马辽太郎说过，明治维新之际，志士们来自五湖四海，各操方言，那时候的通用语言是汉文，于是青鸟殷勤，相距咫尺也必须用书信进行沟通。明治维新时日本人制造了很多汉字词语，我们中国人现在也用着，这要归功于江户时代的汉文教养。江户时代末年，提倡门户开放也好，主张攘外也好，志士都爱读汉籍，也就是中国典籍，所以明治年间普及的文体是汉文训读体。汉文汉学是明治维新的动力，但对于近代国家的形成，国语是重要的，对于全球化，具有普遍性的英语是重要的，因而汉语汉文不再被当回事。标准语，日本对内叫国语，对外叫日本语。这种语言基本是明治初年发生的言文一致运动制造出来的，强行统一了语言。它是书写语言，与文学特别是小说有很深的关系。就是说，村上春树用来写小说的标准语，即国语，只有百余年的历史。

日本人常自诩国家不曾被外族占领过，没当过殖民地，但实际上，历史不长的国语也出现过危机。那是战败后，一九四八年八月，占领了日本（占领不好听，日本官方叫进驻）的美国人给日本洗心革面，其一是语言。他们认为使用汉字使日本人识字率低，识字率低就阻碍民主主义的发展，企图把日语改为罗马字，或者只使用假名，于是命令文部省进行全国普查。出乎意外，得不出汉字使识字率低的结论，文盲只占调查对象的百分之二点一。美国人难以置信，要求实施调查的日本学者修改调查结果，但这位学者虽然主张把日语改为罗马字，却予以拒绝。幸而美国人也不坚持，日语逃过这一劫。不过，在国语审议会里，主张改革日语的人占多数，仍然议论罗马字化，表音文字化。直到一九六六年，文部大臣表态：国语当然用汉字和假名相混的表记。

由于拿来、照搬的习性——可以说，这习性是旁边有一个那么先进的中国文化给日本养成的，战败以来大举拿来所谓外来语，该拿不该拿都统统拿来。例如便所，谷崎润一郎曾礼赞过的，它还有好些别名，有的非常雅，但拿来外来语，而且给缩短了(toilet room 变成トイレ)，这种和制英语，欧美人根本听不懂。几乎丧失了明治维新时期的造语能力，实在是日本人、日本文化的悲哀。

夏目漱石在英国留学了两年回国，接替小泉八云，成为东京帝国大学第一个教英文学的日本人。这时学生的语言能力比以前更衰了，但夏目漱石认为，这是正常的现象，不足为怪，而且是日本教育进步的证据。但英语到底是手段还是目的，是教养还是实用，长年困扰着日本这个民族。

据说从出生到九岁至十二岁灌输的语言会成为母语。江户时代知识人的指针是汉文知识，明治伊始，举国转向西方学问。战败了，孩子围着美国大兵要巧克力，大人死乞白赖要香烟，人们重新捡起了战争年代的鬼畜语言，都能说几句洋泾浜英语。

明治过去二十年，一八八七年二叶亭四迷创作小说《浮云》，这是第一个言文一致体的小说。"言"，指口语，当时的明治时代语言；"文"，指书面语，是古代的语言。但真正使言文一致体（白话文）成功的是夏目漱石，原因当然也在于他比二叶亭四迷晚了二十年，其间很多人付出了努力。但还有一个原因，那就是二叶亭四迷试图使"文"跟"言"一致，"文"要将就"言"，而夏目漱石让"言"和"文"相向而行，相辅相成地创造新文体。九十年前

（一九二八年）周作人说过这样的话："以口语为基本，再加上欧化语、古文、方言等分子，杂糅调和，适宜地或吝啬地安排起来，有知识与趣味的两重统制，才可以造出有雅致的俗语文来。"现今读夏目漱石也不陈旧，因为他在荒原上前行，后来的作家都沿着他的脚印走，形成了一条路。

作家是一国的语言教师。文学教育是审美教育，也是道德教育。当文学教育变成培养读写能力的文章教育时，夏目漱石的作品就过时了。

夏目漱石是文豪。他的小说《少爷》写一个青年到四国的中学当教师，《三四郎》写一个青年从九州进东京上学。用当今日本的眼光来看，《少爷》是一本有问题的小说，那就是东京人看不起乡下和乡下人，轻蔑、谩骂、卖弄优越感构成全书的基本色调。《三四郎》的主人公是纯真的青年，头一次坐火车从九州岛上东京。途径滨松站，停车时间长，他看见洋人在站台上散步，有一对像是夫妇，要知道，三四郎出生至今只见过五六个洋人。他甚至想到，如果自己放洋出国，身处这样的人当中，一定会自惭形秽。

这正是夏目漱石留学英国的体验，那种自卑感几乎把他打垮，以致有人向日本政府报告，夏目漱石疯了。不仅是面对西方，而且，从地方来到大城市东京也会感到自卑，尤其在语言上。掌握当地的语言是融入当地社会的第一个条件。小说家、剧作家井上厦从山形县来到东京，起初说不好标准语，对方言抱有劣等感，投影在很多作品中，例如《花石物语》描写劣等感变成自尊心的故事。加藤周一说：井上厦对日语的感觉是一种天才。井上厦在描写东北人闹独立的小说《吉里吉里人》里大谈方言论。

太宰治出生在青森县的津轻，远离中央，生存环境恶劣，方言和标准语大不相同，几乎没有所谓寂（さび）之类的日本式性格。流传的民谣、民间故事、咒术性习俗，以至于栋方志功那样的版画，具有一种原色的生命力。另一方面，有开朗的性格，从生活中渗出来嬉笑和幽默。在漫长的冬夜围着火炉唠嗑讲故事的叙述方式、嬉笑、幽默成为太宰文学的突出特征。对中央文化抱有深刻的情结，同时也追求时髦，偏又自觉津轻人的血,有强烈的反骨精神。太宰治说过:小学、中学用标准语作文就像是用外语写文章。井上厦也有着太宰治的语言感觉,那种语言游戏似的表现和嬉笑,但与其说受了太宰治的影响,不如说,这是北方语言的血脉。他是泉镜花的铁粉,通过镜花文学,模仿"江户话"跟友人交谈。这是出于外地人的江户情绪。其实,泉镜花出生在靠近日本海的金泽,他母亲是江户人,他的江户话其实是他创作的。

作家出久根达郎是茨城人,在日本经济恢复并发展的时期进东京做工,他说,当时来自地方的年轻民工最烦恼的是满嘴的方言被人捉弄,甚至还因此发生了杀人事件。

作家井上靖有一个小说《翌桧的故事》,所谓"翌桧"是一种常绿乔木,这名字的意思是明天会变成桧树,其实永远也变不成,寓意可悲的宿命。小说用翌桧作象征,描写一个少年,也就是井上靖本人的心灵成长。他在《我的自我形成史》中说过:"由于成长在这样的伊豆山村,我从小对城市、对住在那里的男女少年抱有城市孩子们无法想象的自卑感。而且,这种自卑感变换种种形式控制我这个人，直到很久以后。"

和中国作家相比，我常觉得日本作家有太多的自卑，劣等感，或者自我嫌恶，好像他们很爱解剖自己，反省人生。相比之下，中国作家大都自我感觉良好，不厌恶自己，更多的是无情面地解剖别人。有时也自卑，但多是替国家自卑。

二〇〇八年，水村美苗出版了一本书，叫《日语灭亡时》，认为由于劣等感，自卑，日本人不重视日语，不是要用罗马字取代，就是要用英语当公用语。没必要全民懂英语，只要有精通两种语言的少数人翻译就行了。学生应该把用在英语上的时间用来学日语。

村上春树说："说起来我本身也是被乐园关西驱逐了。"如果他是被驱逐，那么，谷崎润一郎就是亡命关西。

谷崎说："要说变化，大正末年我移住关西之地以后，我的作品明显和那以前有区别，极而言之，那以前的东西有很多不想认作自己的作品。"可见，关西以前和关西以后是谷崎文学的分水岭。

谷崎居住在东京、横滨时，羡慕欧美的生活方式，吃的是西餐，住的是没有榻榻米的洋式房屋，脚上从早到晚穿着皮鞋，以此为傲。那时候他可不礼赞阴翳。芥川龙之介的小说《鼻子》得到夏目漱石的赏识，一举成名，而谷崎润一郎的《刺青》得到永井荷风的青眼，鹊起文坛。他的风格是唯美的，丑陋也看作美，被称作"恶魔派"，让当时占据文学史的自然主义文学很不爽。具有思想性的作品往往被时代局限，而唯美的作品永葆文学性。搬到关西以后，谷崎发现了东京已经丧失殆尽的日本。关西不像东京西化得那么严重，处处能见到他小时候熟悉的东西，生活的回忆变成了文学的回归，审美发生了巨变。

移居关西，谷崎受到最强烈刺激的感觉是听觉，他说："我首先在他们说话的'声音'上强烈地感觉到大阪人和东京人的性情不同。"谷崎尤其爱听大阪、神户女性的语言，对男性的话语不大感兴趣。

他本来对言文一致（白话文）颇为不满，

于是从古典和关西方言吸取语言，丰富了国语。方言，不仅是语言，还有产生这种语言的风土世俗，以及传统。谷崎不单单为了写关西的人物而使用关西方言，而且接受了关西所保留的文化传统与审美，并写进文学里，创作了《春琴抄》《刈芦》《阴翳礼赞》等，特别是长篇小说《细雪》，以致被誉为"大谷崎"。《细雪》使用了关西方言，著名的日本文学研究家唐纳德·金来日本留学之前读它，读得一头雾水。

大约从一九三〇年前后，日本人很爱说"回归日本"，大概最先这么说的是诗人萩原朔太郎。意思是一些文学家年轻时醉心于西方文学，深受其影响，到了中年以后，醒悟了本国传统，追求日本美。萩原朔太郎从世界末颓废回心转意，重新评价芜村和王朝和歌。谷崎润一郎也是一个代表人物。

不过，文学家关心本国的古典文学是正常的，像村上春树那样表示不读日本文学才不正常。日本人遇见西方是十九世纪，于是割断历史和传统，猛扑了上去。对于他们来说，所谓西方，就是十九世纪的西方，即便是夏目漱石把英文学和中国古典对立，那也是西方的一百年和中国的悠久历史相对。西方十九世纪文学基本是写实主义、个人主义、反传统主义等，盛极一时，到了世纪末，出现了反动和挑战，总其成的就是现代主义文学。日本现代主义文学，初期的主要作家有横光利一、川端康成。

方言的表现里具有特殊的心理学。谷崎用大阪话酿造出特殊的氛围，增添了用标准语不可能表现的色彩和趣味，呈现了一个完全别样的世界。方言的表记也得益于假名，因为方言与标准语的不同常常表现在发音上。他是东京人，想来不会像村上小说中的人物木樽那样把关西话学到家，需要费很大的劲儿倾听关西人的发音，然后在稿纸上模仿。他用大阪方言写《细雪》，被土生土长的夫人松子把稿子改得一塌糊涂。不仅是夫人，还雇来女学生，住在家里当方言顾问。谷崎说：我想写的不是以前的大阪话，而是现在活着的大阪话，你们有文化的人之间日常交流的。不过，谷崎有恶魔派的名声，在报纸上连载《痴人之爱》也被叫停，学校对这位作家很警戒。事实上最初被谷崎在家里招待的五个女学生就有一个后来成了他第二个妻子,叫古川丁未子。

谷崎润一郎因右手麻痹,使用口述笔录,他称之为口授。例如《梦的浮桥》中的会话是京都方言,他是这么写的:先用标准语口述,秘书记下来。这位秘书叫伊吹和子,京都人,是出版社出钱给谷崎雇的,她把记录改写成符合人物身份的京都话,读给谷崎听,由他采纳。京都话很有点复杂,有名门大户说的,花街柳巷说的,市人工匠说的,各不相同。谷崎自知不懂,全都交给这位祖祖辈辈京都人的秘书处理。不过,谷崎只喜好京都女性说话,不喜好男性的京都话,所以小说中男人说话比较接近标准语。伊吹后来作为编辑又帮助过水上勉。谷崎读了水上勉的《越前竹偶》,发现京都话风格跟自己的《梦的浮桥》相似。

关西对于谷崎润一郎来说如此重要,但他去关西是一个偶然。

一九二三年九月一日,傍中午,发生关东大地震,火灾四起,烧掉了半个东京。当时谷崎在箱根,正坐在巴士上。本来携家眷到这里避暑，女儿要开学，他把家人送回横滨，又独自返回来，在旅馆里写作。担心家人，谷崎赶紧乘火车到大阪，再从神户坐船到横滨，十二天后终于和妻儿团聚，然后带她们坐船逃往关西。当时到关西避难的作家很不少，但不再回东京的只有谷崎一个。

夏目漱石的《少爷》里对话也使用松山的方言，由松山出生的高滨虚子帮他校正。高滨是正冈子规的弟子，办杂志《杜鹃》，就是他劝动夏目漱石写小说，以休养身体，调剂精神。而且，《我是猫》这个题目也是高滨虚子给改的，起初叫"猫传"。

三岛由纪夫说关西不是日本，特讨厌关西话，特讨厌方言。他的小说会话和戏剧台词除了特别的场合，用的是大正时代东京山手的上流阶级语言。东京的山手地方住的是富人和文化人，下町住的是商人工匠等平民。关东大地震使下町毁坏，江户庶民文化受到决定性打击，东京文化变成以山手为代表。今天标准语很多是大正、昭和初期的山手语言。芥川龙之介、堀辰雄等作家是下町出身，作品表现出对于山手有教养的女性的憧憬。三岛由纪夫、北杜夫是山手人，他们叫"お父さま、お母さま"，但昭和八年（一九三三）文部省的国语教科书上出现下町话"お父さん、お母さん"。三岛一辈子坚持东京山手的文化教养，小说基本不使用方言，好像只有《绢和明察》大概考虑不用当地语言就表现不出近江商人的真实感。因为三岛用理念写小说，最合适表现"理"的语言是标准语，也可以避免使用方言而产生多余的"情"。《金阁寺》几乎都是用标准语，而水上勉同样写火烧金阁事件的《金阁炎上》，会话都用了方言。

作家使用方言也会进行加工，是人工方言。例如大江健三郎是四国的爱媛县人，他写四国的森林，家乡的故事，不可能不用到方言。他在小说中使用的爱媛方言做过处理，使读者容易懂。大江获得诺贝尔文学奖的理由有一条：诗一般的语言，能对抗现代标准日语的东京方言。

京都需要读

梅棹忠夫说：不下些功夫学习是欣赏不了京都的。

京都学者热衷写京都，他们若非京都出生，至少是京都大学毕业，深爱京都，也毫不掩饰跟东京的对比与抗衡。东京的学者及作家则少见写东京，可能多是外来户，终究和这个大都会隔肚皮，况且弄不好就有刘姥姥进大观园之嫌。写京都的书多如牛毛，如林屋辰三郎的《京都》、奈良本辰也的《京都散策》、梅原猛的《京都发现》、鹫田清一《京都的体温》。一九八七年梅棹忠夫也写过《京都导游》；看一看那年的畅销书排行榜，有俵万智的短歌集《沙拉纪念日》、石森章太郎的漫画《日本经济入门》、村上春树的小说《挪威森林》、渡边淳一的小说《为何不分手》等，或许可以对当时的日本有一点想象。

梅棹忠夫生于一九二〇年，家族移居京都已四代，从幼儿园到研究生院整个受京都教育，在这种民俗学背景下形成他的知识与意识。死后头衔有生态学家、民族学家、信息学家、未来学家，被誉为"智慧的巨人"。除了《京都导游》，一九八七年还出版了《京都精神》和《日本三都论——东京、大阪、京都》。《京都导游》以介绍京都为主，比起死的历史，他更关心活的历史。《京都精神》从理论上把《京都导游》的章节"京都的性格"加以深化，若不嫌厚，可以合为一书。梅棹也住过东京，后半生长住大阪，《日本三都论》考察了江户时代的经济之都大阪和明治维新以后的政治之都东京，出发点则是与京都比较。这三本书构成京都文化论三部曲。虽然是冷眼观察这座古典城市的命运，但对于故乡谁的笔下能不带有倾向呢，感情的，思想的？他指出：

京都被尊重，当然是因为它代表日本的古典文化，但不要错以为那文化整个是这岛上帝国独一无二的固有与独创。它是亚洲还在缔造一个文化圈的时候，绚烂的大陆文化化作多少重浪潮流入而形成的文化。

日本有很多城镇自诩小京都，但京都的这份文化到底是难以模拟的。京都大量传入了大陆文化，甚至发音也受到汉语四声的影响。对于京都人来说，只有京都话字正腔圆，其他地方一张嘴都是乡下话，这种意识和心态是一种"京都中华思想"。《京都精神》中写道："日本颇少见，京都人心中潜藏着难以去掉的中华思想。所谓中华思想，就是以自己的文化为基准看世界的想法。也许'化外之民'的人们对这种想法有时要惊愕，有时甚至觉得很滑稽，但京都确实有这种思想传统。从这个立场来看，京都以外是夷狄、野蛮之地。但是像中国一样，中华思想在京都也绝不是排他的，适应这种文化的东西全采纳。在这个意义上，中华思想跟爱乡心或者夸耀家乡好属于完全不同的层次。"

日本各地都跟着东京把繁华街区叫银座，唯有京都偏不叫，而是叫京极。京都知识人没有凡事要经由东京考虑的习惯，从来直接跟世界连起来思考。梅棹走遍全国，痛感自己不知道日本，只知道京都，因为"日本这个国家是京都与非京都的对立构造。各地都以无限地接近京都文化为目标，却全部反京都。"他感受到其他地方对京都抱有非常厉害的反感，不由得脊背发凉。争口气给京都看似乎是日本人的一个动力。中华思想使人保持自立性，也造成保守性。梅棹把京都人性情归结为十六个字："优柔不断，保守退婴，顽迷固陋，因循姑息。"京都没有被美军B52轰炸，这种侥幸也使它背上了保存传统的包袱，跟其他变成废墟的城市相比，显示其健在，却丧失活力。梅棹写京都既为外地人提供入门知识，也是要煽动京都人振作市民精神，不过，十八年过去，他觉得保守的京都市民们好像没有动，也几乎没感到京都有显著的变化，简直是一座"时间不走的城市"。京都的"革新常常不采取反传统的立场，而是建立在与传统的微妙平衡上"。"京都常拥有那种猛烈的同化能力，这就是永远之都——京都文化的强大"。很多城市变化得令人眼花缭乱，京都这座古城却恰恰凭本质不大变而成为日本传统的代表。

日本的招贴画是富士山下跑新干线，而寺庙前面站个舞伎那就是画京都了。游京都，不仅外国人，就是外地的日本人也无非逛逛寺庙，看看园林，再就是去祇园一带遇见小艺伎（日文写作"妓"，似乎译作"伎"为好，以免我们中国人一看就想到娼妓）——日本叫舞伎，身穿艳丽的和服，为伎不满一年的雏儿只涂红下唇，左侧头发上插着假花和流苏，悬想那就是《长恨歌》所歌的"云鬓花颜金步摇"吧。梅棹忠夫痛斥"舞伎那东西是愚劣的存在"，尖锐地指出："京都的艺伎、舞伎这东西本来是京都有钱人挥金如土而精心培育出来的极特殊的玩物。"他还说："京趣就是指祇园，京歌是'祇园小呗'，是圆山的篝火，是艺伎，是耷拉带子。实际上京都市民有几个能在祇园玩？"这里说的"篝火"是一家高档的京都菜馆，在祇园附近的圆山公园中。舞伎系腰带把两头长长地耷拉在身后，是江户时代的遗风，看上去要比狐狸拖尾巴沉重得多。由此想起周作人，近百年前他批判艺伎，说：

> 艺妓与游女是别一种奴隶的生活，现在本应该早成了历史的陈迹了，但事实却正相反，凡公私宴会及各种仪式，几乎必有这种人做装饰，新吉原游廓的夜樱，岛原的太夫道中（太夫读作Tayu，本是艺人的总称，后来转指游女，游廓旧例，每年太夫盛装行道一周，称为道中，），变成地方的一种韵事，诗人小说家画家每每赞美咏叹，留恋不已，实在不很可解。这些不幸的人的不得已的情况，与颓废派的心情，我们可以了解，但决不以为是向人生的正路，至于多数假颓废派，更是'无病呻吟'，白造成许多所谓游荡文学，供饱暖无事的人消闲罢了。

川端康成以《雪国》《千羽鹤》《古都》获得诺贝尔文学奖，把"艺伎""茶道""京都"作为日本式的东西传到西方。莫非找不出其他玩意儿，近年来日本政府干脆满世界把艺伎张扬为日本的传统文化，沾沾自喜。我们最好留一点周作人那般的心眼，即"日本有两件事物，游历日本的外国人无不说及，本国人也多很珍重，就是武士(Samurai)与艺妓(Geisha)。国粹这句话，本来很足以惑人，本国的人对于这制度习惯了，便觉很有感情，又以为这种奇事的多少，都与本国荣誉的大小有关，所以热心拥护；外国人见了新奇的事物，不很习惯，也便觉很有趣味，随口赞叹，其实两者都不尽正当。我们虽不宜专用理论，破坏艺术的美，但也不能偏重感情，乱发时代错误的议论。"现而今祇园一带是景点，游人如织，但是有几人真能走进虽设而长关的黑漆漆木门，走过昏暗的长巷，那尽头才是传统的专供人一掷千金的天地。如梅棹所言，"反正是跟庶民无缘的东西"。对于绝大多数京都人、日本人来说，没有钱召伎，艺伎、舞伎也不过是街景而已。大白天满街走的净是假舞伎、假艺伎，原来那是些女人花钱租一身行头，打扮得花枝招展，体验一下当伎乃至妓的感觉，倒也为观光增色。

　　引人注目的是，梅棹忠夫翻来覆去地强调

京都不是旅游城市。他被请去演讲"七〇年代京都旅游城的愿景",开口第一句:京都并不是旅游城市,京都人不是靠历史遗产吃饭,这么多人光靠旅游吃不上饭。梅棹主张,京都是一座现代的商工业城市,与奈良或镰仓那样除去历史遗迹之类的旅游资源就什么也没有的旅游城市全然不同,不可以定型为旅游城市,京都市民从没做过这个梦。京都文化是为京都市民的,不是为游客的,并没有京都市民必须为游客赶紧把自己有传统的文化大众化的道理。日常生活不得不为旅游做出牺牲,当地人反倒有丧失故乡之惑。与京都相比,奈良当都城不到百年,迁都到京都(平安京)以后只剩下空壳,十余万人口的奈良有古代城市的遗迹,但没有城市生活的传统。京都人经常去的地方和游客成群的地方完全不同。京都这个满怀历史遗产的城市拥有旅游资源,但百余万人口不能靠旅游吃饭,将来也不能。梅棹甚至说:"对文化遗产的尊重在某种意义上是历史的紧箍咒。"为了"国际文化观光城市"的美名就得把京都冷冻保存,弄不好整个变成博物馆,阻止其发展。旅游城市在很大程度上不过是一种靠山吃山、靠水吃水的思想。和尚或百姓没有长期经营的感觉，景点被他们开发就全完了。社会大众化，进入大众化旅游时代，对自然、遗迹等旅游资源是最大的破坏。京都最好不要向大众旅游的方向发展。

梅棹忠夫卒于二〇一〇年，倘若他看见现今外国人更胜过外地人涌入京都，该作何感想呢？一九六三年他就以卓识远见提出"信息产业论"，预见了信息化社会到来，强调把京都打造成文化产业城市。京都市有文化观光局，好像跟梅棹斗气，后来抹掉了文化二字，改为产业观光局。堂堂的理由是振兴旅游，对地域内经济有很大的波及效果，能强有力地牵引京都经济，以致提高市民的生活。不过，梅棹批评把京都搞成旅游城市的时候，旅游收入充其量占京都市内生产总值的一成，三十年过去，据《京都未来旅游振兴计划2020》，如今旅游收入也只占百分之十左右。别忘了还有一本账，诸如增加警察来维持秩序什么的。

有人说，《京都导游》一书读来愉快，但

读后觉得很可怕，此书让人知道了不太懂京都最好别议论它。我当然没资格谈京都，读了这本书，觉得它不是拿在手里逛京都的"旅游攻略"，而是去京都之前有心做功课，或者返回后静下心来补课用的。

奈良怀古

外国人游览我们的古迹,古色古香,惊艳,可我们心下明白,不少古迹是复旧,甚至有造假。日本也一样,不少中国人觉得他们很善于保存古迹和传统,其实,了解一下历史,当今给人观光的日本很大程度是上世纪六〇、七〇年代以后复原或翻新的。

立一架鸟居(华表),大殿供的是佛像,这样把神道和佛教一锅煮,兼收并蓄了两种信仰,叫"神佛习合"。日本人生孩子拜神社、死人请和尚念经的习俗似乎也源于此。四下里游览,某神社里挂着梵钟,即习合的遗迹。江户幕府为镇压基督教,用寺院当派出所管理民间,日本人就像都成了佛教徒。明治维新推翻了幕府统治，天皇复辟，明治元年（一八六八）新政府颁布"神佛判然令"，把神道与佛教、神社与寺院、神与佛分离，独尊神道为国教。给神社也立了些规矩，如一村一神社，不允许家传世袭，让出多余的土地，所以游览会遇见鸟居离神社老远的。

政府并没说排斥佛教，但文明开化，一切旧东西弃之如敝屣，而且神官们翻身，也要吐一吐长年受佛教压抑的腌臜气，全国掀起了一场轰轰烈烈的废佛毁释运动。地方官竞相上报拆庙的政绩。明治四年废藩置县，又拿来中国叫法，一县之长叫县令（后改称知事）；奈良县令四条隆平破旧立新，废佛尤为迅猛。下令用铁索和辘轳拽倒兴福寺的五重塔（始建于七一〇年，几经焚毁，重建于一四二六年，高五十点一米，仅低于东寺五重塔），不成，又堆柴烧毁，但周围的居民群起反对。做百姓的自该上仰圣意，哪里敢顾惜，而是怕大火延烧，殃及自家的房屋。再而三，标价出售：五元（说法不一，也有说是金五两，当时警察月起薪四元），可是没人买，因为拆起来费钱。有的寺院把佛像当劈柴，有的寺院把经卷丢在门前任人拿，剩下的焚烧。卖漆器的店铺捡来天平写经当包装纸；天平是圣武天皇朝的年号，七二九～七四九，日本于七一二年编出第一部史书《古事记》，写经之珍贵可想而知。数不清的文物化为灰烬，或流出海外。

四条县令又以妨碍通行为名，拆除兴福寺的土围墙，兴建了一片奈良公园。明治五年、八年先后撤除神祇省、大教院，废佛毁释运动才消停。江户年间全国有寺庙四十六万座，八年里毁弃近半。明治政府由萨摩人和长州人把持，萨摩（鹿儿岛）那里一度拆掉了全部寺庙，以致如今没有一尊佛像属于重要文物。明治十四年许可兴福寺复兴，二十八年（一八九五）俳句改革家正冈子规吟了一首俳句：秋风荡荡哟／四面八方无围墙／古老兴福寺。游兴福寺不知是园在庙里，还是庙在园中，倒也别有一番景象。劫后余生，五重塔被定为国宝，兴福寺眼下仍然在复原建设。

美国用炮舰敲开了日本锁国的大门，日本与各国缔结了好些不平等条约，外务卿井上馨认为要修改条约,先得结友邦之欢心,于是修建了一座二层洋楼,供达官贵人们移风易俗,和外交使臣大跳交际舞。此馆是日本西化的象征,馆名却取自中国《诗经》的呦呦鹿鸣,我有嘉宾。跳舞归跳舞,三十岁就任文部少辅的九鬼一隆——这个姓有趣,节分之日普通人家喊福进来鬼出去,他家却要喊福进来鬼进来——认为废佛毁释风暴是一个悲剧,日本过去也有好东西,应该恢复自尊心。和同好组织重看日本美术的美术团体"龙池会",请费诺罗萨讲演。

费诺罗萨是美国人。明治搞改革开放,从国外请专家来帮助全盘西化,一八七七年镇压西乡隆盛叛乱后财政拮据,雇佣趋减,大约明治年间总共雇佣二千人。毕业于哈佛大学的费诺罗萨正愁找不到工作,听说了应聘到东京帝国大学教政治经济和哲学。传闻日方为他提供的车夫、女仆等使唤人有二十来个。来到日本就迷上,感叹"日本所有人具有美的感觉,庭园的草庵及陈设、日常用品、落在枝头的小鸟都看出美,就连最下层的劳动者也热爱山水,摘花赏花"。可日本人自己竟然盲目地崇拜西方文明，他们头脑里的"艺术"就是西方的绘画啦雕塑啦，把传统的浮世绘、屏风统统当垃圾。他演讲：从美学来比较日本画和西洋画，显然日本画优秀！振兴日本美术，就要先抛弃陈腐的西洋画！这种话大长日本人的志气。美国有意思，就在费诺罗萨出生的一八五三年迫使日本开国，从此日本一心跻身于西方强国之列，把传统文化扫地出门，却来了个费诺罗萨，对日本大加赞美。一九四九年给日本丢下两枚原子弹，随后又有人写《菊与刀》，把日本文化与欧美文化相提并论，使战败后丢了魂儿似的日本人为之一振。这种江湖恩仇倒像是打一棒子给两个甜枣吃。

九鬼一隆忧虑古物，以行政介入，请费诺罗萨先后两次进行普查。为费诺罗萨当助手的是他的学生冈仓天心。天心（父亲经商，给他起名角藏，后来他自己谐音为觉三，号天心）七岁上英语私塾，再学汉文。大学时跟南画家学画，跟汉诗人学诗，还跟一位儒学家学琴。日夜赶毕业论文，写的是《国家论》，却被妻怀疑有外遇，一把火给烧了。匆匆另起炉灶，改为《美术论》；日后回顾人生之路，说"我成了这样的人完全是老婆吃醋的结果"。倒数第二名毕业，进了文部省，得到上司九鬼隆一的赏识。天心死后，虽然曾被他戴过绿帽子，但九鬼还是去吊唁：始相识于君十七八岁时，君以非常之天才崛起，当时我已确信君乃非凡特拔之俊才，在美术方面与君相提携。相信相倚，为日本美术尽瘁。

明治十七年（一八八四）文部省设置图画调查会，研究图画教育应否采用毛笔的日本画。这一年费诺罗萨奉命调查现存最古的木建筑法隆寺，有个叫梦殿的八角形圆堂，不大为人注意。里面安置着秘佛，从不曾开示。和尚说，揭封遭天谴，发生大地震。费诺罗萨不信邪，和尚们逃散，冒着几世尘埃呛死人的危险拿掉层层包裹的白布，"一尊令人惊叹的无二的雕像忽然出现在吾人眼前"（费诺罗萨著《东亚美术史纲》）。推定这尊救世观音像造于六二九～六五四年间。

明治十九年（一八八六）一艘驶向神户的英国船沉没，船上的洋人包括船长都上了救生艇获救，而日本人乘客全淹死，这下子日本大哗。"每天开舞会,究竟有什么用!"舆论谴责井上馨在修改不平等条约谈判上媚外,迫使他走人,红火了四年的鹿鸣馆外交就此收场。此后全盘西化降温,作为一种反动,国粹主义勃兴。森有礼是激进的西化主义者,甚至主张用英语取代日语,谣传他进伊势神宫不脱鞋,用手杖掀帘子,被国粹主义者刺杀。明治三十年(一八九七)制定古社寺保存法,即文化财保护法的前身,从而产生了国宝的概念。

这时城郭建筑还不属于保存对象。德川幕府规定一个藩国一座城,多余的拆毁。明治政府上台后担心造反者据城固守,明治六年发布"废城令"。所谓城,犹如领主居住办公的大宅院,并不把百姓圈在里面,有的给陆军当兵营,有的被县衙门占用,有的标价出售,结果大部分毁坏,再加上天灾兵燹,明治时代以前建造的城楼子(天守阁)现在只剩下十二个,也未必是原装。明治十年姬路城以二十三元五十钱被一个商人买去,但太大,拆不起,撂荒在那里,明治四十三年国家拿出九万三千元维修,这才得以保存,后来被当作国宝,又列为世界遗产。

近代日本终于把佛教美术视为艺术了，跳出来批判保存文物的是九鬼隆一的老师福泽谕吉。这位启蒙日本"脱亚入欧"的思想家在报纸上发表社论《要不要保存古物》，说古寺庙、古美术是"无用的长物"，"过一万年什么东西都会朽烂"，搞调查"不过是少年人没事找事"。保存古迹要花钱，"一文钱也应吝惜"，"当下由国家之公观之，古物之类断不可置于眼中"。传说有人在台上讲茶具鉴赏，福泽从观众席上大喊"八格牙路"。他是要拿钱打仗的。

大正二年（一九一三）冈仓天心抱病出席古社寺保存会的会议，为保存法隆寺金堂壁画尽力，倒在了住所的门口。壁画保住了，却在一九四九年修复时烧毁。费诺罗萨受戒为佛教徒，墓在琵琶湖边上的法明院，木已拱矣，去世一百周年的二〇〇八年日本翻译出版了《费诺罗萨夫人的日本日记》。

"当日本耽于和平安稳的技艺时，西洋人把日本看作野蛮国家，但日本开始在满洲战场大肆杀戮以来，西方叫它文明国家了。"冈仓天心的这句话令我颇为佩服,这也是他用英文撰写《茶书》给西方人看的缘起。至于我的怀古,不过追怀一百多年前而已。

一工成匠代代传

差不多半个世纪了,那是上世纪七八十年代,国人好原装,大到电视机,小到打火机,以日本原装为好。不消说,买得到、买得起的人家少之又少,绝大多数只有眼馋的份儿。现而今疯买日货就是当年得的病大发了吧。那时我初入编辑行,读到城山三郎的小说,叫经济小说,例如《天天星期日》。开卷有益,知道了"商社"这个词,以为日本人就是满世界做买卖,哪里有飞机掉下来,都少不了他们的人。还有"综合商社"一词,据说从拉面到飞机,没有这种商号或公司不推销的。后来东飞到日本,九十年代初翻阅"赚钱之神"邱永汉的书,他说日本人是匠人,中国人才是商人。起初大惑，渐渐住久了，体认日本真是个岛国，江户时代系上兜裆布从将军脚下的江户跑到天皇赋闲的京都，其间五十三个旅次，都画在了歌川广重的浮世绘上，总计一百二十四日里（日本一里约为中国八里），干倒爷也不能与中国同日而语。他们拿手的是做东西，也就是制造。不仅仅手巧，由于长年生活在榻榻米上，干活儿竟能像猴子一样四肢并用，脚的灵活也让外人瞠目。

我们说匠人或工匠，他们叫"职人"。有人喜欢照搬日语汉字词，看得人似懂非懂，那事物便像是日本所独。江户末年的《守贞漫稿》有云："工匠，江户、京都、大阪都叫匠，又呼为职人。木匠、瓦匠等主要去别处做事的叫出职，在家里做事的叫居职。"又据《广辞苑》解释："职人"用手工技术做东西，以此为业。可见，"职人"并不是特指技艺精湛者，把他与"达人""名人"排成序列，不过是误解。我觉得恰如其分的叫法是手艺人。世界上哪里都有手艺人，意大利的鞋匠，瑞士的钟表匠，法国的酿酒匠……匠人技艺的高低与国之大小无关，大国工匠未必好，小国也有大工匠。

前些天读了一本中国小说《匠人》，描述了十五种民间手艺的行家，说是作者家乡事。大概除了不把教书先生归为匠，那些行当我在日本的大城小镇也多有见识。离东京不远的川越（属于埼玉县）有小江户之称，意思是残留着江户时代的风貌，那里有一座喜多院，藏有《匠人全图》，推测为十七世纪末叶的遗物，精确描绘了二十五种手工作坊的劳作情景。弓师、矢师、甲胄师之类，想来我国明清年间也不少，而伞师、笔师、扇师如今仍然在南方讨生活。"师"，这倒是我们如今时兴的称呼，如美容师、园艺师，逢人叫老师。《匠人》中的雕匠用柞木雕了个土地奶奶，类似日本的佛师，但后来他只雕骨灰盒营生。木匠是匠人之王，《匠人全图》里有一幅木工图，画的那个工具我在东北务农时看见过，像一把短小的锄头，神气十足的木匠给接受贫下中农再教育的知青盖房子，就用它砍削木料，使之初具规模，好像叫刨锛。

日本多神，多达八百万，山川草木，无处

不宿神，这种信仰使他们觉得自己手造的东西也宿着神或魂，不由得生出敬物之心。入行为匠，久而久之便养成一种脾气，日本叫"职人气质"。《广辞苑》解释：对自己的技术有自信，倔强而老实。小作坊几十年如故，可能就有点匠人脾气，看重的是物，追求质。若看重钱，追求量，广开连锁店，无疑是商人气质。匠人以"平生一工匠"为荣，自许非我做不来，仅此一家，别无分店。如鲁迅所言："我以为许多事是做的人必须有这一门特长的，这才做得好。譬如，标点只能让汪原放，做序只能推胡适之，出版只能由亚东图书馆；刘半农，李小峰，我，皆非其选也。"三百六十行，行行出状元，状元在现代日本就成为"人间国宝"。匠人有专长，也不无短处，通常来说缺少创造性。小说家被称作故事匠，这"匠"字就带有贬义。从历史进程来看，江户年间手工业最为发达，匠人气质定型，乃至造成民族性，那就是认真二字。这种认真的态度用在服务上，把中国游客感动得涕零，真正当一把上帝。

我相信史有徐福其人，如司马迁所记，他

诈骗秦始皇，携带男女、五谷、百工东渡，过太平日子去也。有五谷活命，有男女繁衍，而百工应该是当时世界最先进的，后来便成为日本各行各业的始祖。技艺传承，北宋欧阳修吟道：其先徐福诈秦民，采药淹留丱童老，百工五种与之居，至今器玩皆精巧。这是世界上最早为日本匠人点赞。大陆的生活文化又进步，到了明代，日本也发展到战国时代，嗜杀成性，丰臣秀吉出兵朝鲜半岛，掠回来很多工匠。今天的陶器，这个"烧"那个"烧"，大都是朝鲜匠人创始的。德川家康称霸后武士当上领导阶级，庶民有住在农村的，名为"百姓"，有住在城市的，名为"町人"（市人）。市人又分成商人与工匠，得势的是商人。江户末年按儒家思想把士农工商四民论定为等级秩序。物以类聚，锻冶町那里住的多是打铁造农具兵器的工匠，类似我们说的什么一条街。人以群分，武家聚居之地叫武家町（侍町），寺庙林立之地叫寺町，现在很多地方遗留着此类地名，旧迹残存就变成景点。

手艺人重视模仿。传授与学习、掌握某种

知识，似乎西方人用头脑，东方人的传统方法用的是身体，也就是模仿，甚至有偷艺之说，这个偷具有探求的意义。师傅批评：不对！不好！至于怎么不对，哪里不好，却不予细说，其实他胸中也没有明确的审美标准。师傅怒喝一声：用心！徒弟一激灵，用心地模仿，美其名曰悟。这样的模仿过程近乎摸索与创造，过后易于产生改良。把师傅的技艺模仿到手，出徒后不断地重复自己，以致纯熟，甚或多少形成自己的风格。进而有离经叛道的意思，突破自己，某种程度上突破传统，有所创造，那就有望当国宝。艺术品通常由一个人从头做到尾，而工匠分工合作。一个工匠做某个部分或某个程序，自然做得细。技艺还需要执着，几代相传便成为传统。日本企业百分之九十九点七是不可能上市的中小企业。前几年做过调查统计，创业百年以上的企业有二万一千零六十六家，其中八家是千年老店。传承技艺，守护传统，自不免保守。净琉璃传承的与其说是艺术，不如说是制作与操纵偶人的技能。相扑算不上体育，艺伎算不上艺术，都不过有娱人之工罢了，这些近乎变态的玩意儿统统被官方当作传统文化，看来真的找不出别的来了。

评论家加藤周一说：

> 日本的儒家、国学家一般不大关心外在的世界秩序，可是，朱子学在中国是形而上学体系，把整个自然和整个人类社会、历史和伦理都纳入一个体系之中。在日本，简单说来，失落了形而上学。口头上都说上两句，但真正的关心集中在更具体的伦理问题啦医学啦这样的事上。一部分人后来搞经济学等，但对形而上学不那么热心。朱子没说那么简单的事，但大大简单化，那就凑合了。希望能详详细细说得更具体的，就是日本儒家对朱子学的反应，但这种简单化倾向极强。所以，对具体的实用的技术方面有兴趣，对形而上学的宇宙的整个秩序不那么有兴趣。有兴趣的是编历法的实用天文学。航海术也是对根据星座的测量技术等荷兰系统的东西感兴趣。特征很明显。还有消遣。有这样一面，即博物学之类有趣，所以搞。未

必实用,但有趣就可以。日本传统算数盛行,也是因其作为消遣的乐趣。希腊人认为宇宙秩序是数学的,那是一种世界观,日本则和世界观毫无关系。

这些话说到了日本人热衷于手艺的根子。德川幕府掌控三百多诸侯,很担心他们增强了经济力量起兵造反,禁止生产机械化。大概机械化程度最高的是活动偶人(からくり,汉字也写作絡繰),我们古人要说它奇技淫巧,现在也时见展示偶人写毛笔字,不无江户时代尚且如此,遑论当今之意。明治维新后追求近代化,机械取代人力,手工业生产被否定。大正(一九一二~一九二六)末年柳宗悦造了一个词"民艺"(民间工艺),倡导民艺运动,在日常生活中发现"用之美",粗笨的陶器跟清脆的瓷器摆在了一起。另一方面,烧陶者汲汲以求艺术性,制品变成了普通民众买不起的艺术作品。匠人有别于艺术家,他们在生活中用传统的技法、工具与修炼默默地制造实用的东西。他们的制品被批评为没有个性,没有自我主张,等而下之，但其实他们的主张在制品的实用性之中，在结实性之中。

战败后一九五六年政府提出技术革新，手工业愈益式微。在大量生产、大量消费的商品社会里匠人难以存活。一九七〇年举办大阪博览会，对近代以来的技术文明进行反思，重新评价并鼓励手工业。一九七四年施行《关于振兴传统工艺品产业的法律》，挽颓波于既倒，却也使一些匠人大谈现代美，忽视实用性，每每做艺术家状。幸而勃兴旅游热，游客们总要买一点土特产，尤其工艺品，有助于传统产业的振兴。孰料西邻也改革开放，中国造便宜得洪水泛滥，曾席卷世界的日货在价格上失败。于是有人主张不要执迷于价格竞争，要转向价值竞争，以"做东西，做出好东西"取胜。电视上常有介绍日本传统工艺及匠人的节目，盛赞匠人技艺之余，总是在叹息那技艺的衰败，手艺人日少，后继无人。有一位世界知名的日本设计家认为，日本的工匠制度及精神远不如意大利。恐怕我们也不要太夸日本，以免它挡住我们看世界的眼光。

依样画葫芦

常说日本人善于模仿,似乎有一点言下之意:我们是善于创造的,模仿则等而下之。普世以独创为好,甚至连父母也训斥孩子不要学人家。模仿就是学,学而时习之,有什么不好呢?似我者死、模仿是自杀,生生把模仿跟创造弄成了一对矛盾。模仿是创造的第一步。没有模仿做基础,凭空创造,结果可能是捏造。

关于日本人的模仿,清末黄遵宪早就看出来,写道:"日本最善仿造,形似而用便,艺精而价廉。西人论商务者,咸妒其能,畏其攘夺云。"还写诗说他们"不过依样画葫芦",但"镂金刻木总能工",关键则在于"颇费三年刻楮功"。

民国年间文学家郁达夫是这样说的:"日本的文化,虽则缺乏独创性,但她的模仿,却是富有创造的意义的;礼教仿中国,政治法律军事以及教育等设施法德国,生产事业泛效欧美,而以她固有的那种轻生爱国、耐劳持久的国民性做了中心的支柱。根底虽则不深,可枝叶长得极茂,发明发见等创举虽则绝无,而进步却来得很快。"

说日本绝无发明发见恐怕不大准确,味素就是他们发见的,还有干电池,后来又发明方便面、卡拉OK什么的。人是模仿的动物,我是土豪,要有土豪的样子,从这一刻起你就开始模仿了。模仿(学习)与继承(记忆)是人的基本能力,没有这个能力,人就不好生存。模仿与创造的反复是人类进步的足迹,既不能像低级动物那样一味地模仿,也不能止步于创造,如中国至今犹沾沾自喜的四大发明。凡事讲传统,讲规范,就具有模仿性。十九世纪末的印象派以前,西方美术强调的不是创造性,艺术创作是模仿。日本浮世绘更以模仿为能事,铃木春信的仕女图风靡,绘师都模仿他的小手小脚，鸟居清长创作出独自的仕女图，又都转向模仿他的美人其颅。畅销以及流行就是由模仿造成的现象，所以雇主不允许绘师自由作画。模仿心理作怪，便形成大量生产、大量消费。人们爱用比喻，不也是一种模仿心理么？

陶瓷的历史是典型的模仿史。一六〇〇年荷兰人把中国青花瓷带回国，欧洲贵族间掀起China热，家里摆一个中国瓷器是地位高贵的象征。一六二〇年死了明万历皇帝，瓷器也停止出口，于是荷兰人在代尔夫特仿造，后来成就了代尔夫特瓷。万历年间丰臣秀吉出兵朝鲜，抓回来百工，一六一六年陶工李参平等人开始在有田烧制，一六五〇年代荷兰东印度公司让那里生产景德镇瓷的代用品，从伊万里装船出洋，就叫作伊万里瓷。起初仿造青花瓷，渐变为日本风格，被欧洲追捧。一六八四年景德镇重振出口，就得仿造伊万里瓷了。

本来日本人对自己的模仿本事颇有点得意，但一九七〇年代以后要科技立国，创造性问题忧上心头。一九四五年战败后军需产业瓦解，生产飞机的剩余资源转向各种机械工业，例如摩托车，一时间出现两百多厂家。起初单纯地模仿德国、英国、意大利，也就是盗版。为时不久，照葫芦画瓢的厂家纷纷落败，而不止于模仿，凭借技术力量加以改良，画出自己的习作，这样的厂家才可能有所发展。更有些厂家努力再创作，研制出别有魅力的商品。经过三级跳似的淘汰，到了一九六〇年代前半，摩托车市场只剩下四家——本田、雅马哈、铃木、川崎。创办本田企业的本田宗一郎说："法国画家马蒂斯也是从模仿出发，脱出模仿而达到个性的高度的。"日本的工业产品也曾有便宜没好货的时代。草创日本工业设计的荣久庵宪司一九八〇年在悉尼机场遭遇记者问：日本近代以来的产品没有原创吧，比如摩托车，不也是模仿西方吗？他爽快地回答：你们欧美人好像只不过把零件组合了，那确实是蛮不错的机械，但怎么发现它的意义，对于人来说是什么，日本有日本的独创看法。把日本近代以来的产品看作机器，如你所言，大都是欧美仿造品，但发现其意义，开发服务于人的方法，在这一点上日本的创造性注入了所有的东西。这些话看似强词夺理，却道出让好些中国人赞不绝口的日本产品所具有的人情味，亦即人性化。

黄遵宪说博览会是"模形列价，以纵人模拟"，那年月仿造不算事，但历史发展，时代进步，现而今模仿被著作权、专利权、知识产权之类规制，不可以为所欲为。明治时代日本要废除不平等的领事裁判权，被迫先加入凡尔纳条约，虽毫无保护著作权意识，也不得不以德国、比利时为范本，一八九九年制定著作权法。此法唯有利于欧美从文化上入侵日本。日本本来以文化后进性为由，主张翻译欧美出版物自由的，却转身就越过国境对甲午战争中一败涂地的中国索取著作物权益。一九〇〇年善邻译书馆获得《大日本维新史》《国家学》《日本警察新法》《战法学》等书的中国版权，让上海、苏州、杭州、天津、汉口、福州、厦门、重庆等地的领事公告，不许中国人翻刻这些书。这是外国人最初在中国得到版权所有的特权。那时候中国还不知版权为何物，例如一八九八年黄遵宪刊行《日本杂事诗》，说："此乃定稿，有续刻者，当依此为据，其他皆拉杂摧烧之可也。"日本某杂志刊登了一篇《对清国著作权问题》的论文，说二千年来学习中国文物的日本如今反过来教他们了，好不痛快，同时要知道责任不轻吧。中国唯有悔不千百年前给世界制定规则，那日本就不知猴年马月才能维新了。

中国人也善于模仿，甚至比日本有过之而无不及。看他们拿了那么多诺奖，未来人们说日本人善于创造而中国人善于模仿亦未可知。把模仿叫山寨，落草为寇，似乎先就自我贬低了。中国经济大发展没赶上原始积累的野蛮年代，模仿也成了偷盗。虽然不过是五十步笑百步的事，但没有抢上槽，也只能自艾自怨，恶搞就是要出一口怨气。

骆驼祥子拉过的洋车

很多年前看过日本电影《华之乱》，吉永小百合扮演女歌人与谢野晶子，裹着厚围巾坐在车上。车是人力车，挂着提灯，上面写了个"俥"。我认得此字，是象棋的一个子儿。明治的时候日本人竟然不知道中国早就有，特意造了这么个字，表示人力车。关于人力车的发明，有说美国一铁匠发明的，也有说一美国人在横滨发明的，给他病妻坐，以利于行，但日本人一般认定是他们的发明，却也闹不清到底是谁。

据说人力车的发明与福泽谕吉有关。一八六七年德川幕府第十五代将军把大政奉还给天皇家之前，福泽随团去美国接收幕府购买的军舰，自己买了一辆婴儿车带回来。推儿子散步，有个叫和泉要助的，看见了灵机一动，造出人力车。请福泽观赏，或许他大喜之余，名之为人力车。这种话姑妄听之，但和泉起码是明治三年春（一八七〇年）向东京府申请人力车制造与营业的人之一，有据可查。他的墓在东京的长明寺境内，碑石上铭刻"大车院自在日乘信士"。

十九世纪后半日本积极引进蒸汽机车、蒸汽船等近代交通工具，而人力车作为日本独特的交通手段，也算是日常生活中对西欧文化的一个反应。古时候车在日本不发达。江户时代有"大八车"，几个人在前面拉，意思是能顶上八个人搬运。周作人记述"日本的衣食住"，说："昔时常见日本学生移居，车上载行李只铺盖衣包小几或加书箱，自己手拿玻璃洋油灯在车后走而已。"这车就是小型大八车吧，半个多世纪之后我来到日本，搬家就只有雇汽车了，而中国也有了"车到山前必有路，有路必有丰田车"之说。大阪有一种"轳车"，与船运争生意，比大八车窄，也是二三人曳纲。在我的印象里，中国多是推车，而日本人喜欢拉车，例如"山车"，花里胡哨很笨重，庙会时一众人等拉着它闹闹哄哄地游街。人力车就是给轿子装上了轮子，由扛改为拉。明治时代日本出口技术，首屈一指是人力车，但当时法律不备，可能也没有赚到钱。中国最不缺的是人力，这东西传来立马就遍地开花，祥子们拉着满街跑。1921年春天芥川龙之介乘船到上海，一上岸，"大约几十个车夫忽地把我们包围了"。鲁迅坐上它，遇上中国第一桩"扶不扶"的难题，写成了名篇《一件小事》。

爱因斯坦一九二二年访问日本，认为人力车不人道，奴隶的干活，拒绝乘坐。创设吉美美术馆的法国实业家爱米尔·吉美明治九年（一八七六年）来日本，记述了坐人力车的感慨：起初坐人力车感到一种特异的痛苦，被和自己同类的人拉着。每一步所感受的人的速度、疲惫都让人有一种后悔。但一点点就习惯了，甚至觉得是非常快的交通手段。从事这个工作的男人们总是那么快活，也就没有了后悔，只剩下乐趣。这些拉车的人并不是特别穷才被迫干这种艰苦的劳动的。

对于西方人的观察和见解我只能匪夷所思，大概他们认为只有不文明、不人道的东方人才搞得出这玩意儿。莫非吉美一门心思收藏东方艺术，数典忘祖，不知道贵同胞 Claude Gillot 一七〇七年就画过两辆人力车在巴黎街头顶牛，互不相让，连车上的乘客也探出身子互相指责。横滨本来是渔村，美国炮舰把德川幕府吓得打开国门，一八五九年在横滨开港，设置外国人居留地。当地人和洋人打交道，创造了"波止场语"，相当于上海滩的洋泾浜英语。和洋人接触最多、最活跃的，除了买办，就数人力车夫，他们用洋泾浜英语跟洋人沟通。可见，洋人爱坐人力车。而且坐车也未必文明，常有坐了不给钱，甚至用皮鞋踢车夫。也许在游牧民族后裔看来，拉车的就是牛马，任人宰割。

德川幕府倒台，江户变成东京，万象更新，出版盛行"繁昌记"，用一种纪实并诙谐的手法记述新事物。佼佼者是明治七年（一八七四年）刊行的服部抚松著《东京新繁昌记》，第一写学校,第二便写到人力车:"人无足而奔,无翼而飞者,街头肩舆之旧力也。二脚而兼四脚,一人而载二人者,御免人车之新力也。彼则如骑牛而诣善光寺(缓之极也),是则似鞭虎而超千里薮(急之极也)。便与迂,缓与急者,非同力之论也。是乃所以肩舆潜伏而人车跋扈也。人车之始行于都下,在己巳年,距今仅六年间,而其数几六万。"

人力车比轿子快捷,比马车便宜。提灯上写着"御免"二字,意思是"借光",挽夫骏足,一路喊着借光、借光,"屈腰伸腕,雄奔群集之中。右避左让,额以押群,踵以拨众",真个是"不须蒸汽不须马,人力纵横载客行"。

己巳是明治二年,即一八六九年。八年后的一八七七年,也就是明治十年,黄遵宪随中国有史以来第一任驻日公使何如璋东渡,虽然这时上海法租界已引进人力车,后来再传到北平、天津等地,被叫作洋车(东洋车),也叫黄包车,但可能黄遵宪出国之前没来得及见识。前一年他倒是曾随父出游,还晋见了李鸿章,被这位看出蕞尔小国"日后必为中国肘腋之患"的直隶总督当众夸为霸才。来到日本，看见路上跑来跑去的人力车，很觉得新鲜。他是诗人，自然要作诗，曰："滚滚黄尘掣电过，万车毂击复竿摩，白藤轿子葱灵闭，尚有人歌踏踏歌。"

诗收在《日本杂事诗》中，并附有注解："小车形若箕，体势轻便，上支小帷，亦便卷舒。以一人挽之，其疾如风，竟能与两马之车争先后。初创于横滨，名人力车。今上海、香港、南洋诸岛仿造之，乃名为东洋车矣。日本旧用木轿，以一木横贯轿顶，两人肩而行。轿离地只数寸。乘者盘膝趺坐，四面严关，正如新妇闭置车帷中，使人悒悒。今昔巧拙不侔如此。"

我读的是日本平凡社出版的"东洋文库"所收，"竿摩"被手民误作"竿击"，"葱灵闭"也误为"葱灵开"。葱灵，即窗棂。日本的轿子，更精准地说，前后二人肩扛一个木的或竹的粗糙坐席叫"驾笼"，我们不妨想象一下四川的滑竿。像一个精致的小房子，侧面有拉门乘降，用一根粗杠子前后各两人肩扛，叫"乘物",是权贵乘坐的,相当于中国的八抬大轿。除了医生有特例,平民百姓不能用。这是"乘舆制度",最初由丰臣秀吉规定,德川家康继承并强化,直到幕府灭亡才废止。驾笼是公共交通工具,有"驾笼屋"经营,而乘物是富贵人家所有,如同私家车。一拨拨脚夫轮番抬,沿驿路奔走,这种高速驾笼从江户到京都只需要四天半的工夫,令黄公感叹"亦绝技也"。人盘腿坐在乘物里,把门拉上,四面屏蔽,有小窗可以观望。黄遵宪此诗将人力车与轿子对举,就是说,东京已经有很多很先进的人力车,但仍然有人坐轿子。这首咏人力车是他十年后担任驻英参赞,在伦敦改订诗集时重作的,也改写了注解。原先的诗只是写人力车,注解也没有说到轿子。

钱钟书批评黄遵宪的诗,有云:"盖若辈之言诗界维新,仅指驱使西故,亦犹参军蛮语作诗,仍是用佛典梵语之结习而已。"(见《谈艺录》)这话拿来说日本人或许更合适,"用佛典梵语"以及"驱使西故"(海西的中国和西洋的欧美)是他们的传家本事。黄遵宪驻日头两年创作《日本杂事诗》，想来也受到当时日本诗人们的启发和影响。譬如大沼枕山，被称作江户时代最后的汉诗人，东京诗坛的领袖，把日新月异的东京事物写成七绝三十首，名为《东京词三十首》，明治二年付梓行世。黄遵宪创作二百首，全面反映了明治日本，史料价值以及艺术性都大大超过大沼。

明治维新的基本语言是汉文。夏目漱石与明治新政府同年（一八六七年），本来读汉文，但瞻念前途，以后不再是汉文的时代，转而学英文。他是明治最后的汉诗人，下一代的芥川龙之介、永井荷风写不来汉诗文，已经只剩下爱。战败后日本全面倒向美国，到了一九六九年，明治文学也成为古典，《明治文学全集》里的《东京新繁昌记》并不是服部抚松撰写的汉文，而是日文的翻译。不消说，大沼枕山的诗更早已丢进故纸堆。所幸我们有梁启超的法子，无视假名，把汉字颠来倒去，便可以读通，也是我侨居异邦的一个游戏。读一读明治初年日本人用汉文写人力车的诗，也是蛮有趣。有写车夫的："健脚轻轻义气扬，群轮忽地列成行，疾徐唯在钱多寡，不属车夫弱与强。"有写穷人坐车的："如飞双脚健堪夸，人力能通迖与遐，贫若冯谖免弹铗，出门无客不乘车。"有写美女坐车的："陌上无人不买车，朱轮秀幔竞华奢，也应呼做移春槛，娇艳载来双朵花。"

大沼枕山也写道："车夫何早起，拂拭车上尘，车客犹未到，结束立凌晨。昔日胡为者？三千石幕臣。出门乘舆马，扬扬上士身，今日浑忘此，快载商贾人。东西南北挽，终日得数缗，妻子待薪米，余钱能饮醇。"

他慰藉车夫："世今无贵贱，有能谁敢伦，知否旧僚友，卖媚列缙绅。无才又无力，不得转洪钧，输君腕力健，轻轻推重轮。"

一八七一年明治政府发布禁止裸体令，理由是外国甚鄙之，丢国家面子，从此车夫穿上外褂，澡堂子男女有别。这位车夫本来是武士，明治维新后沦落给商人拉车，一大早"结束"一番，穿戴整齐地候客也可能是武士的教养。但是说"君虽不识字，听诗气应伸"，却令我奇怪，食禄三千石的幕臣居然不识字，日本不是一向自诩江户识字率为世界第一吗？

明治年间浅草一带有烟花巷，樋口一叶的小说《青梅竹马》写到那里的人力车，"十分钟里这条路上就跑过去七十五辆"，真个是"车声如雨过雷门"。浅草是景点，经济大发展以后雷门前面又出现人力车，载客游览，一路给讲解。我没有爱因斯坦那般的境界，但是被朋友鼓动让鬼子拉一圈，却怎么也不好意思坐。车驾光鲜，车夫都是矫健的年轻人，穿戴上车夫传统的短靠软靴，个个像浪子燕青，若拉上"姐妹娇妆同一车"，倒也为景点添彩。

偶然翻看了一本童书《车夫》，写一个高中一年级男生，突然父亲不知去向，母亲也弃家而去，他为了生活，只好在浅草那里拉人力车。尽管有伙伴和乘客的人情味支持他成长，毕竟活得不大像日本故事。再看见景点上车夫招客，那笑脸似乎就假了许多。

人民当家作主以后中国禁止人力车，所以我只是在小说里读过祥子，影视上常见人力车，好似民国的城市符号。车夫颇多地下党，寸头短褂，或者戴一种好像女人戴的软帽子，"愈走愈大,须仰视才见"。三轮车像是人力车与脚踏车的合体,车夫和车客都坐着,显得很平等。京城里用它游胡同,没有客人时车夫就半躺在车上,翘起二郎腿。

工匠与神话

世界上首位给日本工艺点赞的,大概是我们的宋代诗人欧阳修。他赞的是日本刀,有云:"昆夷道远不复通,世传切玉谁能穷。宝刀近出日本国,越贾得之沧海东。鱼皮装贴香木鞘,黄白闲杂鍮与铜。百金传入好事手,佩服可以禳妖凶。"刀,本来是凶器,美军占领日本后统统地没收,但日本人说它是艺术品,又要了回来。刀铺有卖,个人有藏,美术馆里也展示,确实做得好。

欧阳修把玩日本刀,但让他涕泗滂沱的却是那些"逸书""古文""大典"——"徐福行时书未焚,逸书百篇今尚存。令严不许传中国,举世无人识古文。先王大典藏夷貊,苍波浩荡无通津"。欧阳修在世时（一〇〇七~一〇七二）日本以武为业的武士才露尖尖角，杀人的刀就已经做得这么好，二百年后忽必烈灭了以文立国的宋朝，发兵征讨日本，被系条兜裆布的武士挥舞长刀短刀杀得落花流水。直到被美国丢下两颗原子弹，日本在冷兵器历史上不曾被异族侵占过，现今也引以为傲。

欧阳修指明日本的技术是中国人带去的——"传闻其国居大岛，土壤沃饶风俗好。其先徐福诈秦民，采药淹留丱童老。百工五种与之居，至今器玩皆精巧"。百工之中应该有刀工，锻造也堪称日本工艺的代表，但好像夸日本工匠及其精神时不大提及，莫非跟欧阳修一样，"锈涩短刀何足云"。

日本三百六十行大概都能到中国寻根。有人姓犬养、猪饲，说不定他们的祖上就是从大陆渡海而来，给皇家养猪喂狗，以职业为姓。当初姓三个字，例如犬养部、锦织部，是朝廷下设部门。七一三年元明女皇发布"好字令"，仿照唐朝，像长安、洛阳那样，把字数零乱的地名加以统一，皆改用两个好听的汉字。很多姓取自地名，所以也多是两个汉字。"犬养部"去掉"部"，变成两个字"犬养"，我们一看就笑了。

工匠就是手艺人，动手做东西，日本叫"职人"。搭建木结构的和式住宅的是工匠，用现代技术盖高楼的叫建筑工人。和食中只有做寿司的称寿司职人，其他的，例如炸天麸罗，算不上工匠。工匠要使用传统工艺。传统工艺的特点是手工业，熟练的技术，代代相传，日常生活所用。用心把东西做好，精益求精，这是什么精神？这就是工匠精神，日本叫"职人气质"，定义是对于自己的技术有信心，顽固而耿直。据说作家阿城说过："他靠手艺来吃饭，靠手艺吃饭的人不能把自己钉在一个固定的点上累死。"工匠的问题恰恰就是把自己钉死了。虽然日本人好像一辈子都吃不厌拉面，但开店几十年没换过菜单，也不免令人怀疑店家不思进取，不善于经营。工匠精神的核心是认真。伟人早说过，世界上怕就怕认真二字。不要把怕认真变成怕人家认真，那有什么可怕的呢。

三十年前初到日本时惊讶上班族文具之多，

男人都显得小里小气，但后来我的文具也多起来。讲究细节，喜爱小物件，这种"国民性"也为工匠提供了用武之地，各逞其能。不因物小，日常消费品，而不加美化。不过，局外人和当事人看事情不一样，我们旅游日本惊奇何止四百八十寺，感佩不已，他们自己却嚷嚷寺庙日见式微。日本人做事看上去小题大做，做小小的木型也要有五十多种工具。专事和式点心木型的工匠现在只有几个人，以后没人做了，或许过十年二十年就见不到艺术品一般精致的和式点心。尤其是到了夏日，街上穿和服的女孩儿多起来，传统景象重现也归功于中国制和服的廉价，其背后则是日本和服业的衰败。工匠的技艺是师徒相授，师傅、工匠（出徒以后继续留在师傅家里做工）、徒弟的小团体结构也确保廉价劳动力，但年轻人对这种落后的传习制度敬而远之，手工业后继无人。

手工业多是分工合作，分工细是日本工匠的一大特色。以前看过一部漫画（连环画）《工匠梦》，野中英次画。主人公伊能安次郎立志当一流工匠，先是拜著名的牙签工匠为师，这位师傅专门给牙签刻沟槽——牙签一端尖尖，另一端有几圈沟槽，捏着剔牙不打滑。牙签，日语写作"爪杨枝"；有一种叫"黑文字"，是用黑文字木（钓樟，根皮入药）做的高级牙签，断面为方形，留有黑色的树皮，很有点粗野，搭配在色形兼美的和式点心旁边，尽显日本风情。情不自禁地用它挑起点心放进嘴里，只是一味地甜。《工匠梦》里做牙签有六道工序，由六位有资格的工匠依次制造：放倒大树切成小木片的，把小木片劈成细棍的，把细棍削成圆柱状的，磨尖圆柱一端的，整个打光的，在另一端刻出沟槽的。漫画毕竟是漫画，但日本工匠分工真细得匪夷所思。他们不追求一专多能，一物多用。合作要默契，只能齐步走，互相制约，不能别出心裁，所以分工过细不利于改进技术、提升产品。富山县高冈市从江户时代盛产铜器，作坊在市内随处可见，专门给铜器着色的，几辈子只从事这一道工序。用药品和加热使铜器变色，凭技术能变化几十种颜色。一个叫折井宏司的七〇后辞去东京的IT工作，回乡继承家业，不坐在家里也就是作坊等活儿，自己开发新商品，用两年的工夫开发出铜板着色"斑纹孔雀色"，创作的挂钟古色古香。这是固守手艺的老一代做不到的。

工匠为生活服务，产品的第一概念在于用，用中求美。我们欣赏日本工艺品，似乎更多地注意艺术性，而不是实用性。岩手县生产的南部铁器基本是日常用品，二十多年前觉得好玩儿，还买来送人，被丢到一边。孰料一场大地震让中国人发现了南部铁器之美，争购收藏，一下子变成工艺美术品，价格昂扬。日本人抱怨中国人富了，吃起生鱼片，金枪鱼就没有了，但南部铁壶被中国人看上，气息奄奄的工艺得以重振。可惜丧失了实用价值，工匠们都要当工艺大师了。艺术高于生活，也就从生活中脱离出去。

日本各地经常举办工艺展，展品大都超脱以实用为宗旨的工艺，不过是一味追求美的工艺美术品，顶多能用来摆设、装饰。二十世纪前半日本有柳田国男倡导民俗学，柳宗悦发起民艺运动。柳宗悦主张民艺的"用之美"。用字当头，美在其中，这种思想与十六世纪千利休创立草庵茶的初衷一脉相承。他说："所谓民艺，是民器，指普通的物品，也就是和日常生活分不开的东西。不断使用的东西，谁都天天用的东西，每天的衣食住直接需要的种种物品，把这些东西叫民艺品。因而不是稀少的东西，而是大量被制做的东西，谁都能看见的东西，能便宜地购买的东西，到处都有的东西，这就是民艺品。这样的东西自然与富豪贵族的生活缘分薄，跟一般民众的生活有着更亲密的关系。"

大樋长左卫门有两个头衔：陶艺家、美术家。作为陶艺家，他是具有三百五十年历史的大樋长左卫门窑第十一代传人，烧制茶陶（茶具）。一六六六年加贺藩主为普及茶道，把千利休之孙宗旦的儿子仙叟宗室（里千家第四代）从京都请到金泽，陶工大樋长左卫门同行，他是乐陶第四代一入的高徒。长左卫门在大樋村（今大樋町）发现了适于烧制乐陶的土，开创大樋陶。乐陶不使用"辘轳"，用手捏，捏出来的形状各异，不可能规整，就有了所谓不均衡美，以及残缺美。可能中国人觉得没做好就丢掉，窑旁边碎片成堆，而日本有个陶艺家叫北大路鲁山人，在烧裂之处涂一笔金色，残品顿时变成艺术品。这一笔涂与不涂是审美的不同，日本美意识本来很大程度是出自中国的残次品。艺术家永远以自我为中心，随心所欲，是为创作，而工匠守护传统，对于他们来说自我是从属。大樋长左卫门兼具二者，当他做茶碗时怀抱工匠之心。美国没有茶道，他跟美国老师学做的那就是艺术。传统和现代相结合，至于偏重哪一边，就要看他做的是茶碗还是壁画了。当年从中国舶来的"唐物"无疑是传统艺术，被千利休相中的日本制黑色乐茶碗可算是"当代艺术"吧。

柳宗悦明白地指出："民众的工艺和贵族的工艺有怎样的区别呢？其性质的不同在哪里呢？民艺品产生于民间，主要在民间使用。因此作者是无名的工匠，作品上也不留名。做的数量非常多，价格也低，使用的场所多是家庭的起居间或厨房。样子素朴，结实，形状图案也单纯。做的时候心态也极其无心的，尤其不是从审美等下功夫的。"

"与之相反，贵族的东西是上等品，贵重品。所以数量不多做，价钱高。作者多是名工，因而多在器物上留名。用的是贵族和富人。与其说是实用品，更多是装饰物，放置的地方也是客厅。形态绚丽而复杂。技巧夸精致，做的人也煞费苦心加工，有意识地制做。制做的组织多得到官家或富人的保护。"

谷崎润一郎在小说《疯癫老人日记》中写到中国人和日本人做工的不同："年轻时不经意看见的事情，不知什么时候会有用。我去中国漫游过两三回，不仅在中国，旅游日本的哪里也偶然见过有人在野外制做拓本。中国人这种技艺甚熟练，刮风也满不在乎，刷子蘸上水，把白纸铺在碑面从边上吧嗒吧嗒地拍打，就做出很不错的拓本。日本人绵密，神经质，小心翼翼用大大小小的棉花团蘸上墨或者墨色的印泥，一条一条仔细地涂抹细线。有黑墨或者黑色印泥的，也有朱墨或朱色印泥的。我觉得这朱色的拓本极美。"可见，各村有各村的高招，从结果来看，正所谓异曲同工，似乎不必非学他们绵密得神经质不可，也不必给日本工匠制造些神话，海上有仙山似的。

莫须有的规矩

日本规矩多。

虽然在日本生活已多年,但好些规矩仍然是蛤蟆跳进老池塘——扑通(不懂)。例如我不养猫狗,常见邻人抱着宠物进出公寓,宠到这个程度,很有点匪夷所思,近日才知道,原来公寓有公寓的规矩:猫狗只能养在自己家里,一旦出了门,经过住户共有的地方要抱在怀里或者装在笼子里,以免影响不喜欢宠物的居民。但不知这是不是日本所独有的规矩。

日本很爱立规矩。例如手机,我是在日本看着它长大的。还因此叹服韩国文艺评论家李御宁的见解,日本人果然好缩小,手机也做得小巧玲珑,可近来似乎又变大了。从手机出生那天起,日本像要把野兽关进笼子里,这里不许用,那里不许用,使其便利性大打折扣。亲历了约定俗成的过程,也就自然而然地遵守,对于他国的无规矩反倒有了点日本式反感。

日本自古讲规矩,陈寿《三国志》有记载,例如:"传辞说事,或蹲或跪,两手据地,为之恭敬。对应声曰噫,比如然诺。"又如死了人,"丧主哭泣,他人就歌舞饮酒",如今看他们扎上黑领带吊祭,仿佛就是去吃喝一顿,当然,先交上奠仪。规矩也有来自中国的。道元师事荣西的弟子明全,一二二三年师徒二人渡海赴宋朝取经,五年后道元归国(明全死于宋),开创日本曹洞宗,传授"只管打坐"。归国前夜抄写北宋圆悟克勤编撰的《碧岩录》,得到大权修利菩萨挑灯助笔,一夜抄就,带回了日本,所以也叫它"一夜碧岩"。禅宗不立文字,道元却替佛写下大著《正法眼藏》。开山永平寺,见和尚们吃饭像鸟兽一样狼藉,把他从南宋禅寺学来的作法写成《赴粥饭法》,诸如不得嚼饭作声,不得伸舌舔唇,不得抓头落屑,喷嚏当掩鼻,剔牙须遮口,饭中如有未脱壳的米粒以手去壳而食，莫弃之，莫不脱壳而食。规定之详，胜似老婆禅。寺规也传入民间，至今犹遵守，自成美德。江户人破了不得嚼饭作声的规矩，吃面条好似抽水马桶响，很是讨人厌。

偶尔想，对于规矩，我们中国人和日本人有何不同呢？似乎我们往往以破坏规矩为能事，什么山高皇帝远，将在外君命有所不受，不破不立，而他们以遵守规矩为美德。再就是场合，居酒屋里聚饮不妨热闹些，吃茶店里就应该轻声细语，不分场合就坏了人家的习惯。他们也敷衍。最好笑的是男人小便之后的洗手，常是把两个指尖伸到被控制得像婴儿撒尿的水流里捏一捏了事。泡汤之前须冲洗身体也多是走过场，但如果你也把墙上贴的注意事项当作虚设，主人可就一本正经了，这时你就被代表你的族类。

说起日本的规矩，我们中国人不由得想到儒教对日本的影响。历史小说家司马辽太郎有"国民作家"之称，所谓"司马史观"大受追捧，他在《"明治"这个国家》一书中写道：日本不是中国或朝鲜那样纯度百分之百的儒教国家，而是儒教度百分之二十、武士道百分之八十的国家。为德川家万世永续，德川家康采用朱子学，但朱子学并没有在日本扎下根。究其原因，司马认为：一、未采用科举制度，也因此日本的儒学不是规范的箍，束缚力弱，与中国相比是自由的，所以江户时代具有多样性；二、儒教化未成为习俗。儒学在江户时代中期以后很兴隆，只不过是武士道的粉饰。这倒是有实例可说：中国的儒教习俗是七岁不同席，而日本有些地方混浴的年龄上限为十一岁。某国人的儿子小学一年级来日本，一晃已经五年级，妈妈想入乡随俗，儿子却说什么也不跟她一起泡。

司马辽太郎对江户时代评价非常高。"人怎样举止、怎样行动最美呢？这种精神的美意识是人最重要的东西，这是任何时代的任何社会都不变的。但精神美意识在很多场合是为之骄傲的阶级花费数百年岁月才完成的，在日本则德川时代相当于此，日本人那时造就了自己的美的精神像。"武士"都贫穷，贫穷却向往形而上的东西"。视私心为恶，藩和国家等组织的公共利害优先于个人的私的利害，这就是武士的价值观。市人、农民非常尊敬武士，所以他们当中也培养了谦让、忍受的美德。"可否这样想：留到今天的我们的母胎不是战后社会，也许是江户时代也说不定。"

否认近代化以前的日本文化的非合理、非科学性，重看江户文化，一九七〇年代樋口清之面向大众出版《梅脯与日本刀》《梅脯与流水账》等书，社会上逐渐掀起江户热，田中优子一九八六年出版《江户的想象力》等书也推波助澜。一九八一年大报《读卖新闻》编辑后记似的专栏里出现了"江户规矩"的说法：听说有一个会，叫"重看江户的好"，已经持续十多年，所以大概不会是借近来江户热而起的。好像是大学教师或医生、上班族或主妇等互相就江户文化自由地交换意见的会，"江户规矩"也是研究课题之一。

所谓"江户规矩"，类似北京的"老礼儿"。据说是江户时代的商界领导人打造的，是上层人物的行动哲学，也是好商人应该怎样活的商人道，这种使人际关系圆滑、共生的智慧支撑江户时代二百六十多年和平而安心的社会。"规矩"有八百种或者八千种,都是口头传下来的,所以就难怪找不到史料为证。然而,有个原田实,二〇一四年、二〇一六年先后出版两本书,叫《江户规矩的原形》和《江户规矩的绝命》,揭露"江户规矩"不过是捏造。简直像穿越,好似那个浓眉大眼的傻大个阿部宽扮演的古代罗马人穿越到现代日本澡堂子。

例如,"江户规矩"一:在车上落座不能坐死了,腰要浮起一拳头,以便随时向旁边移动,给后来者让出地方。这个规矩确实好,因为我在日本坐了这么多年的电车,常见七个人占据八个人的席位,并不主动给他人挤出座位,最常见的"浮腰"是或男或女或老或少刺溜一下子抢占边端的位置。但是,原田实考证:江户时代众人同乘的交通工具是渡船,不可以不坐稳,坐住,况且渡船停靠两岸,中途怎么会有人上船呢?江户人生活在榻榻米上,窜动位置靠膝盖。

"江户规矩"二:走路只占三分,把道路的七分让出来,以便用门板运伤员或病人,或者有急事的人通行。可是，看描绘江户街景的浮世绘，人们任意行走、伫立、出摊，丝毫不见道路三七开的意思。建筑家黑川纪章说：风景画上大摇大摆地走路，站着聊天，一点都没有拥挤堵塞的感觉，江户时代没有汽车，没有办公楼，居民过日子把江户土地大部分当作了私人的空间。

"江户规矩"三：不预约造访，或者迟到，就是偷人家的时间，该当死罪。这大概就是鲁迅说的："生命是以时间为单位的，浪费别人的时间等于谋财害命。"但这是把现代打电话约见的作法穿越到江户时代，殊不知江户时代报时是城头击鼓，寺里撞钟，贸然登门是当然的。十九世纪铁路普及给西方人的时间意识带来了革命，而明治年间日本引进西方文明，铁路、军队、上班上学训练了时间观念。荷兰海军大尉在幕府的长崎海军传习所任教，写过"日本人的癖性"，抱怨日本人的慢条斯理令人愕然，对他们的约定不能太相信。船需要大修，跟日本人订购木材，趁满潮时把船拽上修理台，但潮满了，木材没有到，只好等下次涨潮。万事皆如此。"我多次参加和日本人谈判,他们几小时坐在那里吸烟,卖呆,好像还打算到外面散散心,而且这种场合也喝茶吃点心,悠闲自在。"这样的节奏一定让今天的日本人起码上班族羡慕不已吧。

原田实说,"江户规矩"的始作俑者是一个叫芝三光的人,热心推广者多数是他的徒子徒孙。江户的传统居然只有芝三光一个人传承,岂非怪事?于是他们编了一个说辞:明治维新时官军屠杀江户人,特别是女人和孩子,像越南的索米村、印地安的翁迪德尼,断绝了江户传统的延续。

"江户规矩"被一些中小学纳入道德教育,企业也用来教育职工。文部科学省编制的《我们的道德》也采用"江户规矩"。大报《朝日新闻》一直支持"江户规矩"之说,不久前刊登书评,却说"作为流言研究饶有兴味,但这样的言说不加检验地扩散的现状令人不寒而栗。要警惕以流言为据宣讲道德的江户规矩蔓延"。某媒体人评论:"过剩地赞美日本的历史和传统的图书、电视节目泛滥,想被夸奖本国传统的欲望成风。文部科学省不好好调查历史事实就在道德教材里许可江户规矩的记述，背景也在于看似日本传统就什么都好的轻率观点。国家轻视历史或科学是危险的。"

田中优子是江户文化研究家，正当着法政大学的校长，她曾肯定"江户规矩"，现在也予以否定，说那不过是想象，是空想。看来江户瞎话要收场了，但好像有些外国人却还在起劲儿地编造日本的瞎话。

看懂日本字

图样图森破,奇妙奇天烈。

听说前一句是英语的音译,我给配上后一句,是"字译",即照搬日本的汉字,意思是大大的奇妙。前若天真,后必奇妙,太天真则太奇妙。

汉字文化圈表面上已不复存在,中国的四海之外,这地球上只有日本还使用汉字。对于汉字,日本人颇有文化胸怀,从来就当作自家的文字,不像朝鲜半岛人抱有抵触情绪。以前在一所大学教中文,给九〇后学生见识一下中国报纸,满堂的女生,惊呼全都是汉字啊,比"脖子扭几扭"更可爱。他们会说喜不喜欢汉字,因为日本不单有汉字,还有平假名、片假名以及罗马字，而我们中国人若不用汉字，还能写什么呢？女生有讨厌"蛋"的，因为有虫子；也有讨厌"苺"（莓）的，因为像有毒。这算是卡哇伊呢，还是矫情？日本人觉得他们对于汉字比我们中国人更具有细部的观察，更多些深思。

我喜欢日文书，汉字与假名搭配，清疏有致，不像中文书布满汉字，好似万里长城用方砖砌得严严实实，又好似漫山遍野的青纱帐密不透风，足以跟鬼子周旋。日本人之所以是日本人，因为说日语。当我们谈日本汉字时，我们是在谈日本人，谈日本文化。走上东京街头，只要不开口，从外貌不大看得出谁是中国人。难怪电视剧总让日本兵"哈伊""巴嘎"，说些中式日本话。现而今银座正无限地接近北京王府井，国人皆备有一副国嗓儿，整条街上高谈阔论，几乎令日本人又有被占领的感觉。

经济起飞了，文化就跟在经济的屁股后头飞出去，就日本来看，真像是这么回事。所谓"和制汉语"好像小蜜蜂，不断地飞进我们改革开放的花丛中，例如职场、人气、完败。汉字被日本人拿去，不论是音读还是训读，都变成了日语。和制不是为汉语而制，制造的是大和语言，也就是日语。我们照样搬了来，用人家的意思，这也是一种翻译，我称之为"字译"。以汉字的本家自居，顺手拿回来，认祖归宗，甚至还有点不屑，或许这正是日本文化的郁闷之处。

音译还是字译，有时颇为难。教中文时，教学生姓名的读法，碰到一女生，名字用假名，问她汉字怎么写，她回答：起名就没用汉字。我认为这时候应该学日本的假名，干脆用拼音。例如宇多田光当歌手，觉得汉字硬，特意改用了假名，似不妨用拼音来翻译，虽然我们对拼音还没有软硬之感，否则随便还人家本来面目，未免太霸道。有一位漫画家兼随笔家，叫东海林さだお，本名是庄司祯雄，姓换了同音的汉字，名改用假名，如何翻译是好呢？有的和制汉语照搬过来意思并不通，例如"人间蒸发"，日语的"人间"也指抽象意义的人，莫非发觉人间蒸发说不通，有人便自作聪明地改为从人间蒸发。日本使用的汉语也被他们本地化，例如"晚酌"，我们中国人一见就感到雅，"谓犹存唐代遗风，非现今中国所有"（周作人语），然而日本人说它，意思却是在家吃晚饭时喝酒，何雅之有。对日语望文生义，自作多情，常造成我们对日本的误解。

战败后日本向美国一边倒，多用英语造词，英美人听"和制英语"也是一头雾水。日本人的汉字能力一代不如一代，只剩下音译外国语的本事。"俱乐部"，本来是他们自鸣得意的译语，可以和中国音译的"可口可乐"媲美，但中国拿来还用着，他们反倒常用片假名了（クラブ）。"螨"字是日本人制造的，现今中国已无人不识，但日本放弃它，改用了假名。虽然有电脑、手机替人写汉字，汉字的趋势也不容乐观，甚至更使人只知其音，不记其形，令一些忧国之士起而宣扬汉字之美。

汉字诞生在中国。二〇一六年秋东京富士美术馆举办过海外文化交流特别展"汉字三千年"，就是说，汉字至少有三千年的历史，比美索不达米亚文明的楔形文字和埃及文明的象形文字晚了些时候。日本列岛上本没有文字，不知是幸还是不幸，近邻的中国早就发达了文字，想不拿来都不行，当然也可能是渡海而来的大陆人带来的。

《后汉书·东夷列传》记载："建武中元二年（五七）倭奴国奉贡朝贺，使人自称大夫，倭国之极南界也，光武赐以印绶。"二百多年前的一七八四年在博多湾的志贺岛（福冈县），一农民修整水田时搬开大石头发现这颗印，样式与汉武帝赐给滇国王的金印相同，镌刻"汉委奴国王"五个字，乃日本列岛上所见最古远的汉字。用汉字"委"和"奴"表记国名的发音，这就是后来日本人使用的万叶假名方式。有这样的说法：中国人最初见到日本人，听他们"哇"、"哇"（ワ）叫，就记作"委（倭）"，奈良时代（七一〇～七八四）提高了汉语水平，觉得倭这个字不好，选"和"字取代，再冠以"大"字就神气多了。

据两部最古老的史书《古事记》和《日本书纪》记载：应神十六年，王仁从百济携《论语》和《千字文》渡海而来，皇太子跟他学习，无不通达。这个王仁被奉为舞文弄墨的始祖。

应神朝大约在四世纪末五世纪初，日本人开始自主地使用汉字，距今已经有一千六百年。《隋书》记载，六〇〇年倭国遣使赴隋朝贡。大陆人东渡不绝于途，每个人本身就是个中国文化。也从朝鲜半岛渡来很多知识人，如六〇二年百济僧观勒带来历书和天文地理、遁甲方术的书籍；六一〇年高句丽派来僧昙征，精通五经，带来了良纸的制造技术；六一二年从百济来的味摩之教授他在吴地学习的伎乐；六二五年高句丽僧慧灌到日本传布佛教宗派之一的三论宗。七一三年元明女皇下诏用好字把郡乡的名称都改用两个汉字，于是"车"这个地方改称"群马"，再后来就有了群马县，那里现在也好吃马肉，而且吃生的，仅次于熊本县。影响所至，后世的姓名以及明治年间的译语也好用两个字。

日本多山，自古有自己的叫法，传来了汉字，形音义俱全，于是山这个字就有了两种读法。按固有语言读，叫训读，模仿中国发音叫音读，日语天然般具有双重构造。或许训读也使他们有一种汉字为我所用的感觉。一字多音，让学习日语的人怵头。例如"首相を相手に相談する","相"字读三个音。这些音的背后潜藏着中国的历史。例如"行",音读有几种,读"ギョウ"是吴音,可能从三国时代的吴楚之地传来的,传来得最早(比吴音更早的,统称古音);读"コウ"是汉音,遣唐使们听长安人这么说话,认真学了来;读"アン"是唐音,宋、元、明、清各朝传入日本的,主要是江南一带的发音。此外,"行"还有几种训读。"人"有两种音读,ニン是吴音,ジン是汉音。"男",吴音读ナン,汉音读ダン;"女",吴音读ニョ,汉音读ジョ。中国地域广大,历史多变,给日本人带来麻烦,却也怪他们似乎不大有中国人那种旧的不去新的不来、不破不立的心思,一把火烧了阿房宫(咸阳宫?),而是吃着碗里看着锅里,要新的,也不丢旧的,兼收并蓄。我们说猪通常指家猪,野猪则要加一个野字,豚豕彘只剩在成语里,而日语保持着猪和豚,前者是野猪,后者是家猪。到了亥年,中国画肥肥的家猪,日本的贺年片上大都是带有獠牙的野猪,这才有豕突狼奔的气势。

明仁天皇说过:"据《续日本记》记载,桓

武天皇的生母是百济武宁王的子孙，所以我觉得与韩国有缘。"日本叫日本，天皇叫天皇，肇始于这位桓武天皇在位的时候。六八二年他敕命从唐朝留学归来的石积等人编纂《新字》，估计是日本最早的字书，现已不存。他赐爵位给一百四十七个大唐人、百济人、高丽人，足见老外之多。还曾下诏："明经之徒，不可习吴音。发声诵读，既致讹谬。熟习汉音。"（原文即汉文）七九四年桓武天皇迁都到山河襟带的京都，号称平安京，从此至十世纪初，唐风文化风靡贵族阶层。平安朝廷把长安的发音定为中国标准语，汉音为"正音"。《日本书纪》是比着《汉书》《唐书》撰写的正史，万叶假名主要用汉音，而《古事记》基于奈良时代的文献，用传统的吴音。

七〇二年山上忆良奉使遣唐，《万叶集》里有一首他在大唐写的和歌，意思是赶快回国吧，海边的松树也翘望着呢。也用汉语写文章，有《沉疴自哀文》，其中引用了《游仙窟》。或许就是他最先把此书带回日本，紫式部学它写出源氏的风流故事《源氏物语》也说不定。

汉字传到日本，形、音、义以及用法都发生了变化，亦即日本化。例如咲，本是笑的异体字，日本从"鸟鸣花咲"引申为（花）开。鮎，训读为アユ，借指溪流中的香鱼。传说神功皇后远征新罗，垂钓以占卜吉凶，钓上来アユ，鱼＋占，于是写成了鮎字。庙会上常见小摊有盐烤香鱼，再来一杯啤酒，把鱼从头吃到尾，只剩一根竹扦子，才不枉了逛字。

日本人善于模仿，并加以改造，就变成自己的东西。他们也自造汉字、汉语。中国汉字有八九成是形声字，但日本造的字，叫作国字，多是用会意。例如虾，中国本来是鰕，即使变成虾，还是形声字，而日本拿来鰕（蝦），音读カ，训读エビ，又按照虾的形象找来"海老"这两个汉字表记。进而把海老跟长寿联系起来，过年的吃食中就有了红彤彤的大虾。多了一个字，不如虾简洁，于是用耆老的耆造了个会意似的蜌字，却遭到冷落。江户时代又造个蛯字，如今也常见。地名有北海道的蛯谷，人名有女模特蛯原友里、男演员蛯泽康仁，要是引进到中国，就得仿姥姥的姥，变为形声字。

日本多雪，用"雪"作偏旁造了十几个字，例如"鳕"。江户年间学者以中国为规范，对这个字加以排斥，却被汉字本家拿了来。烤鳕鱼片大概是改革开放之初我们较早尝到的日本味儿。清代引进这个字，说是日本异字，《辞海》收此字就不再提，况且被简化。日本造的是会意字，或说下雪时节这种鱼有汛，或说它的肉白似雪，有人曾作诗"鳕鱼作鲙满银盘"，但我们把它变成形声字，读若雪。一般是某物或某概念在中国的汉字里找不到相当的字，不得已而造之。也时有例外，例如"岭"，本来中国有形声字，但他们自造了一个会意字"峠"，显示一下学有所成。江户以及明治时代的作家有游戏之心，用汉字写日语词，例如把でたらめ写成"出鳕目"，意思是荒唐。国字在日本人使用的汉字里不到百分之一，现今二千一百三十六个常用汉字当中有十个字纯属国字。

《万叶集》里有一首山上忆良写的和歌，是一溜汉字：阿麻社迦留比奈尔伊都等世周麻比都都美夜故能提夫利和周良延尔家利。原来他只是用汉字的音，念出来是日本话，好比我们写"巴嘎"，说给日本人听，他们就听出是日语的混蛋。这首和歌的意思是在地方上住了五年，连都城的风习都忘了。置汉字的意思于不顾，只利用它的音来表记日语，叫"万叶假名"。万叶指《万叶集》，这部现存最古老的歌集中多用这法子"录音"。假名，就是假的字，而原装进口的汉字叫真名（真字），很显得谦虚，却也是日本文化"造假"之始。平假名、片假名是"假"的，万叶假名用汉字标音，叫作真假名。一字一音，例如天写作"阿米"（あめ）、春写作"波流"（はる）、心写作"许己吕"（こころ）、怀念写作"名津蚊为"（なつかし）。《万叶集》里把山写作"也末""八万""夜麻""野麻"，读若やま，并没有定规。甚至玩文字游戏，例如"十六"，却读作しし（四四），来自小九九口诀的四四一十六。万叶假名的方法并非日本发明，中国翻译佛经早就使用了。中国史书把当时日本列岛上的女王国叫作"邪马台"，用汉字写其音，日本人照猫画虎就有了万叶假名。女王叫"卑弥呼"，名从主人。有人禀奏倭人擅自把国名改为日本了,武则天说:愿意叫啥就叫啥呗。这就是中国的名从主人原则。雅马哈,大名鼎鼎,本来是创业者的姓"山叶",音译雅马哈,本人也不敢认了吧。飙车团伙把"请关照"写成"夜露死苦"(よろしく),倒是很有点传统文化。

解构再结构汉字的字形产生草书,以至有唐人张旭的狂草。平安时代遣唐使带回来很多当世的书法范本,日本也出现书法家,九世纪初叶有"三笔":嵯峨天皇、空海、橘逸势。到了平安中期,藤原行成(九七二~一〇二七)使"和样之书"大成,所书《白氏诗卷》(录白居易诗八首)被誉为巅峰之作,竟至于"无人不持行成法帖"。东京国立博物馆曾举办《藤原行成书法 其流行与传称》,原题用"传称"一词,国民辞书《广辞苑》里却不见,不知是高估了观众的汉字水平,抑或"传承"之误。日本到处有"月极停车场",游客或以为是月极家族的产业,其实"月极"本该写"月决",按月决算也。最猛烈批判语言改革的福田恒存说过:同音字替换,例如用"模"替换"摸",是破坏国语的诱导。

《白氏诗卷》的笔法有楷、行、草三体，变幻多姿。平安时代人们写万叶假名也越写越草，缺胳膊少腿，这种草体的万叶假名叫草假名。平安贵族男女谈恋爱不是唱山歌，而是互相用假名文字写和歌，所以万叶假名也尽量采用女性易学易用的汉字。把常用的草假名加以整理，进一步规范，产生平假名，例如"也"字形成"や"。二〇一五年在平安京遗址发现了一枚九世纪后半的木简，写了一首和歌，有几个字体已无限地接近平假名。我们从草体字里得到简体字，仍然是汉字。平假名的平，平易也，不会汉字的人也能用。日本自夸识字率超高，但过去妇女儿童认识的是假名，并非汉字。平假名也叫女假名、女手，起初主要是女性用，她们使平假名更为洗练，用它写出了《蜻蛉日记》《枕草子》《源氏物语》等作品，滥觞了日本文学。贵族男人们基本用汉字以及万叶假名作文章、记日记，所以万叶假名又叫男假名、男手。纪贯之用假名为日本第一部敕撰和歌集《古今集》作序，他还用假名写了日本文学史上第一部日记文学《土佐日记》，却假托为女人。

书法有草书，也有楷书。抄经要恭谨，不能笔走龙蛇。菩萨，这两个字现在写起来也有点麻烦，大唐的和尚抄经，不知是偷懒还是欲速，干脆只留下两个草字头，刷刷地写作艹艹。日本和尚也有样学样，这样用汉字的碎片创造的假名写法就叫片假名。韩国学者李御宁著有《取向"缩"的日本人》，把日本人改造中国文化变为日本文化的手法归纳为六种，其一是削，把汉字削成了假名。其实这方法本来跟中国学的。江户时代以前片假名使用的范围有限，主要用于佛教、注释之类的书籍。三大随笔之一《方丈记》作于一二一二年，用的是片假名。

假名具有模糊性。例如绣球花，日本叫紫阳花，写出三个汉字，好像那花就是紫色的了，用假名写作あじさい，好似村上春树小说里的人物不带颜色。我记日本人名，只听发音很难记得住，非在心里过一下汉字不可。

一九九三年美智子皇后正要过五十九岁生日，突然说不出话来，好像是日本媒体抹黑她所致。得的是失声症，听说这种病症为日本所独有。大脑哪里出故障,不认识假名了,但汉字还认得,能点头摇头地反应。

十六世纪火枪进入日本,葡萄牙人登陆传教,日本人学来罗马字,又多了一种表记方式,甚至用罗马字把《平家物语》翻译成口语出版。拿来了未必就行之有效,譬如梵文就只有在墓地里看见。"卒塔婆",立在坟墓后面或旁边的细长木板,上面写的是梵文五个字:空风火水土。

一九四五年也渐行渐远。那一年八月,麦克阿瑟将军叼着大烟斗走下飞机,日本被占领,旋即被恣意改革。天皇降格为人,主权在民,放弃战争,解散财阀,男女同权,农地改革,等等,还有文字改革。井上厦写过一个小说,叫《东京七玫瑰》。国破国语在,但汉字被视为诸恶之源,七个向美国大兵卖春的女郎挺身而起,阻止美国占领军以及日本官僚推行日语罗马字化乃至变成英语国家的企图。占领军霍尔中尉扬言:"你们不是曾强迫朝鲜半岛的人放弃母语朝鲜语,使用日语吗?在印度、中国、泰国、缅甸、印度尼西亚的小学里把日语作为必修课吗?不是要把大东亚共荣圈的标准语定为日语吗?对别人干的事忘得一干二净,别人要干同样的事就暴跳如雷,岂非咄咄怪事。"

这个霍尔中尉实有其人,在盟军总司令部的民间情报教育局语言科任职。一九四五年六月他在加利福尼亚担任日本占领教育计划主任时提出废除汉字、使用片假名的计划,未被采纳。来到一败涂地的日本,又兜售罗马字化。一九四六年三月美国教育使节团被盟军总司令部请来,受到和式招待,悠哉游哉地调研二十多天,并参考霍尔的意见,提出了报告。共六章,第二章是国语改革,选择有三:一是减少汉字数量,二是汉字全废,只用假名,三是采用罗马字。使节团认为最好是全废汉字这种书写语言,采用罗马字,音标文字系统大大有益于民主主义的市民精神以及与国际接轨,而且当下是说干就干的大好时机,过了这个村,几代也不会再有这个店。

可不是吗,日本人齐刷刷投降,当时把天皇废了也就废了,汉字说废也就废了,从此入欧。当初创造汉字这劳什子把鬼神都吓哭了，对于只会用几十个字母的欧美人来说难于上青天。那么多国家欺负中国，中国人最记恨日本，恐怕也不无它使用汉字之故。连不识字的阿Q看见那些汉字也要把日本认作小D。"这小D，是一个穷小子，又瘦又乏，在阿Q的眼睛里，位置是在王胡之下的，谁料这小子竟谋了他的饭碗去。所以阿Q这一气，更与平常不同。"（鲁迅《阿Q正传》）

　　限制乃至废除汉字其实是日本人自己始作俑。江户年间新井白石等人惊讶西洋文字就那么几个，批评日语的汉字太多，是议论国语改良之始。国学家贺茂真渊、本居宣长、平田笃胤都主张假名优于汉字。一八六六年前岛密向幕府十五代将军德川庆喜呈递"汉字废止之议"，主张像西洋那样采用表音文字——平假名。此公后来当明治政府的邮政大臣，他制造的"切手"一词令中国人望而生畏，不曾拿了来，还是用我们的邮票好。制造了"科学""知识""定义"等译语的西周主张用洋字写国语，森有礼更扬言把国语改为英语，他当过日本第一任文部大臣,被国粹主义者刺杀。一八六〇年福泽谕吉在旧金山买了一册清人子卿编的《华英通语》,回国后用片假名注音,出版《增订华英通语》,这就是他的第一本出版物。至今在万元大钞上露脸的福泽当初的意见是先把汉字数量限制为二千或三千再说。十九世纪末舆论倾向于限制汉字。皇军并不像我们的抗日神剧演的那么有文化,从穷乡僻壤征用的大头兵认不得枪械名称,所以政府、军部、媒体三者联手对汉字加以限制,战败后汉字改革又加上国语学家。某报发表社论《废掉汉字哟》,被称作小说之神的志贺直哉提出用"世界最美的语言"法语取代日语。二十多年后文学家丸谷才一叱责志贺直哉的"这一丑态":"想到他是用日语写作的代表性文学家这一因素,我们就会对近代日本文学的贫困与程度之低深感羞愧。"不过,也有人支持志贺,如一九九〇年代当过东京大学校长的莲实重彦。创办国立民族学博物馆的梅棹忠夫一辈子鼓吹废除汉字。

一九四六年政府提出了方案,减少汉字使用量,规定一千八百五十个汉字为"当用汉字",猫啦熊啦都不用了,犬还用,因为有狂犬病。识字水平都一样,人人能读报,实现了平等。"当用汉字"只用于学校教育和报刊,作家的写作不在此限,书里多用汉字显得有学识。本打算先减少汉字使用量,逐步地,最后废除汉字,但人算不如天算,时代未必按某些人的意志进步,一九八一年"当用汉字"改称"常用汉字",增加到一千九百四十五个。这些汉字是"法令、公用文书、报纸、杂志、广播等一般社会生活中表达现代国语时使用汉字的基准",就是说,不具强制性,也可以使用"常用汉字表"以外的汉字。随着信息化社会进展,二〇一〇年修改"常用汉字表",增加到二千一百三十六字,熊本县的"熊"啦,鹿儿岛县的"鹿"也就是没有围墙的奈良公园里游走的鹿的"鹿"啦,也终于都收了进去。

常用汉字是文部省制定的,另外还有"人名用汉字",由管理户籍的法务省制定。户籍法规定,给孩子起名"必须用常用平易的文字"。一九七六年司马辽太郎的小说《如翔》畅销,很多人就想用"翔"字给孩子起名,但衙门不受理，因为"人名用汉字表"里没有这个字。一九八一年人名用汉字增加五十四个字，有辽、莉、翔等，从此三十多年来翔字一直高居给男孩子起名用字的前十位。二〇〇四年又增加"狼"字，居然有好些父母想叫儿子太狼什么的，但愿他们不会养个白眼狼。给孩子起名"腥"，莫非以为是星月同辉么？

　　语言是交流的工具，从这一点来说，统一为好。只讲自己的话，不懂对方的话，无法交流。反对统一的理由往往与其说是文化的，不如说是政治的。正字与别字俱在，繁体与简体并存，对于被一统而简化的一代如我者来说，匪夷所思。德富苏峰和德富芦花两兄弟反目，一个就拿掉"富"字头上的点，但到了中国不得不给他按上葱花似的宝顶。"吉"，有把下一横写长的，似乎武家写作"士"，农民写成"土"。"桜"或"樱"，繁体字是一个女人伫立树旁，仰望像贝壳一样的樱花，简体字则像在仰望樱花的散落，凭着对汉字的幻想乃至妄想，想写哪个就写哪个。自由是自由了，却徒然增加了混乱与麻烦，不是说日本人最怕给人添麻烦么？这种多样性，简直是叠床架屋，也有违所谓简素之美。不过，外来语可能有时代感，繁简字可能有微妙的差异。"桧"与"檜"，用这种木材做的浴池是温泉旅馆的招徕，见"檜"油然生和风，而"桧"字总让我想起秦桧，不由地感叹"取醉他乡客"。

三个字看懂和食

和食,即大和民族的饮食,这个叫法带有传统色彩,也侧重文化内涵。那么,和食有什么特点呢?仨字以蔽之:生、旨、旬。

生

日本好生冷。三世纪末成书的陈寿《三国志》记载"倭地温暖,冬夏食生菜",迤逦至今,起码这么吃喝两千年。进餐馆落座,先就端上来一杯凉水迎客,有的还加冰。盒饭叫"便当",凉冰冰,甜丝丝,即便是盛夏,不少在日本讨生活的中国人也不能像周作人当年那样"不以为苦"。生冷可食,大概与水质洁净有关。中国人善用火,加热消毒,如今自来水也不能像日本那样直接喝。不过，上世纪八十年代以来便利店里备置微波炉，为顾客加热食品，传统也在变。

秋风起，思古人的鲈鱼脍，不知吴中之地还吃得否。在日本酒馆里，鲈鱼脍不足为奇，可以佐清酒。如果不能吃生的，首先是生鱼片，和食几乎就无从谈起。佛教大约六世纪传入日本。或许出于佛教的戒律，六七五年天武天皇颁布历史上第一道禁止肉食令，不许吃牛马犬猿鸡。平安时代（七九四~一一八五）的小说《源氏物语》没有吃肉的描写，但贵族日记里记有生吃马肉、鹿肉。到一八七一年明治政府明令解禁，天皇带头吃牛肉，日本长达一千二百年基本不吃肉。主要不吃四条腿的，以致生食以鱼贝为主，包括鲸鱼，因为它没有腿。生性难改，现在也生吃马肉、牛肉、鸡肉。政府卫生部门劝告国民不要生吃野鹿野猪。鲆、鲭等鱼类也带有细菌、寄生虫，生食并不是绝无危险。那还走向世界，则因为人们把生食当作回归天然，天然即健康，况且体内本来深藏着原始的野性。

二千五百年前释迦牟尼创立佛教，有不杀生戒，没有不吃肉戒。最初禁肉食的是《大般涅槃经》，也限制葱韭等。佛教传到中国，因解释不同而产生宗派。禅宗自给自足，创作出素食，日本叫"精进料理"。好像空海等遣唐和尚对饮食不大感兴趣，自荣西赴南宋带回茶以后，和尚们对日常生活也大为关心，取经之余，顺手或热心地往回拿中国的物产、技术。中国和尚来日本传经也送宝，烹调是其一。中国寺庙与民间近乎隔绝，而日本民间围绕寺庙过日子，食物、方法和技术从寺庙传出来，改变并改善民间的生活。

传统的生食与外来的烹调这两部分构成和食，前部分是"割"，后部分是"烹"。割是动刀，切了生着吃；烹是用火，煮烤蒸炸。而且以割为主，烹次之，即所谓"割主烹从"。做一桌和食，首先要考虑刺身，然后是煮和烤。对于日本人来说，最好的鱼是能吃生的，其次烤，其次煮，然后则扔之。

还有一个说法：江户割，京都烹。江户离海近，东京湾捕获的鱼鳖虾蟹叫"江户前"，所以江户人拿手的是割，切切生鱼片。京都离海远，擅长从中国传来的用火技术，蒸或煮。京都是贵族之都，江户是武士之都，而大阪是商都，商人精明，把两者合起来就变成餐馆常见的招牌"割烹"（切割烹调）。京都料理守不住传统，越来越注重"刺身"（生鱼片之类），火上功夫不如前。

生、煮、烤、炸、蒸，是和食烹饪最基本的五种方法，与阴阳五行搭配。有人夸日本，唐时不取太监，宋时不取缠足，再帮他加上一句：烹饪不取炒。炒是综合，把火用到了极致，堪称人类烹饪的最高技艺。和食不强调综合，例如"散寿司"（米饭用的是醋、糖、盐调制的"寿司饭"，如果用普通白米饭，就叫"海鲜丼"），把三五种刺身铺盖在饭上，并不搅和起来吃，其实跟寿司是一样的吃法，只是店家没给一个个握成嘎儿，扣上生鱼片，也省得刷洗太多的碟碗。因为不大用火，用油也很少，不会有油烟四溢，所以厨房基本设计在住居的中间，与客厅相通，倘若中国人施展手艺，小小抽烟机哪里抽得出去，满屋乃至满楼的中国味儿,只怕左邻右舍要叫苦不迭。菜肴多生冷,除非餐桌上摆一个黑铁炉或者红泥小火炉,烤肉烤松蘑什么的,几乎闻不到香味。

生食较为简单,用清末黄遵宪的话来说,"喜食鱼,聂而切之,便下箸矣",却也是颇为浪费的吃法,有暴殄天物之嫌。二十多年前鱼市场上店家解鱼,诺大的鱼头啪地丢进垃圾桶,可以要了拿回家,鱼头炖豆腐——日本豆腐很好吃。后来店家知道中国人料理起来居然能一鱼三吃,就不再显贵,学杨志卖刀,给鱼头标上价码。似乎唯河豚吃法全面,只丢掉有毒部分。

茹毛饮血是动物生来与俱的存活本能,无须跟谁学,但学来中国文化,饮食便丰富了文化内涵。日本吃刺身几乎还是用我们唐代的法子,如白居易所吟"鱼鲙芥酱调",所以游日本,不妨吃吃生鱼片,那就是大唐味道也说不定。

旨

德国心理学家汉斯·亨宁从三原色得到启

发，提出四原味：咸、甜、酸、苦，所有的味道都是由这四种味组合而成。此外的涩味、辣味等不属于味觉，涩味是口舌表面收缩的触觉，辣味是疼痛的感觉。但日本人说，还有一味，叫"旨味（umami）"。这是他们很古就在食物中发现的，津津有味，它不是其他原味的合成，与甜咸酸苦并立。

鱼生与汤是和食的重头戏。学厨艺先要学习做"出汁"（略为"出"）。这个词最初出现在一二九五年以后成书的《厨事类记》里，煮出汁，熬成汤，相当于我们说的吊汤，吊出来的是高汤。正规和食店讲究做出汁，用来给各种菜调味，我们叫提鲜。一二二三年道元渡海到南宋取经，遇见一个广利寺的烧饭僧，来港口买日本船贩来的"倭椹"（日本产的干香菇），说是做"麵汁"。此事记在他撰写的《典座教训》里，好像就是他第一个学来了中国的吊汤技术。

就地取材，中国的高汤多是用鸡肉什么的，但日本不吃肉，做法又取自中国的禅林素菜，以至有人说"精进料理"是日本人味觉的原点，所以用海带、干鲣鱼、香菇等熬汁也自然而然。在日本吃涮肉，令我们惊奇一锅清水，放一块海带煮一煮，就算是锅底。海带是俗称，本来叫昆布。古时候居住在北海道的阿依努人和大陆贸易，听他们说kompu，大陆人就用汉字写作昆布，大约奈良时代这个词（七一〇~七八四）传入日本，而今我们反倒当作了日语。出汁的味道很不错，孔夫子尝到也要说一声"旨矣"。

这种旨味到底是什么呢？一百一十年前的一九〇八年，池田菊苗教授觉得吃锅子用海带煮汤，别有味道，终于从海带中提取出谷氨酸，原来旨味就是这种"味之素"给人的感觉。接着一九一三年池田的弟子小玉新太郎从蒸焙霉晒而成的"鲣节"（干鲣鱼）里发现肌苷酸，一九六〇年国中明从香菇中发现鸟苷酸，被称作三大旨味成分。文化人类学家石毛直道说：日本料理缺少油脂，依赖氨基酸。欧美一直不承认天下有什么旨味，认为那不过是甜咸酸苦的合成味道。二〇〇一年以后科学家相继在味蕾的感觉细胞上发现谷氨酸接受体，旨味终于被认知,列为第五种原味。

日本地分东西,两地的文化颇有差异。关东做出汁主要用干鲣鱼,关西用昆布。这两种出汁具有相乘效果,混起来旨味更浓厚。以前干鲣鱼、香菇是贵重物,一般人家用干鳂鱼等煮汁熬汤。

日语的旨味有两个意思,一个是味觉的名称,这是科学的定义,再是很好吃的滋味,乃日常生活的感受。前者用假名,不写"旨"这个汉字。和食被当作文化遗产后,日本更宣扬"旨味"为日本所独有,但实际上世界各地的饮食都不乏其味,我们自古称之为鲜味。咸味和旨味基本不影响食材本身的味道。旨味不是"显"味,需要加盐才能显出它的味道来,这就是我们说的提味,以致旨味常常被误会是加盐的结果。

日本人大爱猪骨汤拉面,油乎乎,它的旨味完全用猪或鸡之类的骨肉熬制,不属于传统的出汁。

旬

日本人强调和食的基本精神是"尊重自

然"。他们说：物产取决于气候风土，菜肴取决于物产。也就是我们中国人说的：靠山吃山、靠水吃水。日本有敬畏山水草木的原始信仰，万物有神，而我们似乎少了些与万物平等的观念，人是高高在上的，常觉得什么东西里都有鬼。

日本狭长，南北长三千五百公里，大部分属于温带的湿润季风气候，四季变化分明，什么食材当令很明显。但周而复始，总是那几样东西，也不免令人感叹物产的贫乏。北京菜市场里时常会出现叫不出名子的瓜果菜蔬。我们所谓旺季，日本称作"旬"。十天为旬，不免有东西最好吃期间很短暂的意思，也就有抢先吃到嘴的得意。还记得当年下乡在牡丹江边，春暖江开，知道鱼窝子的乡亲第一个捕回两尺多长的鲤鱼，鳞比铜钱大，他老爹美美地吃了，眼睛发亮，穿着裤腰齐胸口的棉裤从村头走到村尾，不住地问人吃了吗。江户时代（一六〇三~一八六七）武士特别把初夏的鲣鱼当回事。鲣鱼早春出现在九州一带，乘温暖的黑潮北上，四五月来到关东沿岸，就叫作"初鲣"。江户人说樱花流水鲣鱼肥,高价买了来大快朵颐。其实,鲣鱼回游,从秋到冬南下时才最为肥美。武士爱初鲣,可能更因为"鲣"的发音与"胜男"相仿佛,要讨个吉利。况且还有一句老话说:吃时鲜多活七十五天。

日本从生活到文学都富有季节感。平安时代的《古今和歌集》把一些和歌按春夏秋冬编纂,以草木萌动和瓜果结实的春秋为多。俳句是定型的小诗,最主要的规则是"季语"。我们有韵书,作诗讲究押韵,而俳句需要在表现季节上大动脑筋,所以有"岁时记",汇集几百几千的季语,供人创作时参考。

我们的古诗里也有句,例如"蒌蒿满地芦芽短,正是河豚欲上时","城中桃李愁风雨,春在溪头荠菜花"。蔬菜有季鱼有汛,中国人喜欢尝鲜,吃个新鲜劲儿,但地大物博,东西南北的鲜难以统一。燕窝鱼翅鲍鱼之类无所谓季节,或许换一个角度来看,不囿于季节也有着人定胜天的一面。江户时代以来日本把干海参出口中国,他们自己吃剩下的肠子,晒干火炙,是一大珍味。出汁用干鲣鱼、海带、干香菇等干物，也没有季节感。

报春似的嫩笋，夏天的茄子黄瓜，金秋的蘑菇和栗子，冬天的刺身，还要在菜肴上点缀枫叶，把稻穗爆出白花，和食极力用各种手法演出季节感。但随着温室种植、海产品养殖的发达，季节感越来越不好演了。有人把和食中的京都菜和法国菜、中国菜称作世界三大菜。"京都料理"尤注重表现季节感。当然，单靠旬材丰盛不起来餐桌，还要用豆腐、干物之类"时不知"的材料。再配以摆设、器具、甜点等，餐桌搞得像舞台一样。但中看不中吃，就失去了吃的本义。

日本人喜欢把自己说得很独特，但基本文化是从中国拿来的，比如"天麸罗"，叫法来自西班牙语，但油炸技术是中国的。说到过年喝屠苏酒，往往不得不加上一句这个习俗从大陆传来但如今中国已经没有了云云。当今中国好像吃大闸蟹最应时，却只能用饕餮来形容，不大有一叶知秋似的雅。

光看没有酒,樱花算个屁

游日本,购物之余,赏樱是一个项目,但看到一树树怒放的樱花下日本人成群结伙地聚饮,不禁皱起了眉头,这到底是爱花还是爱酒呢?江户时代有这样一首"川柳"(打油诗):光看没有酒,樱花算个屁。我不学好,大好其酒,也跟着年年以赏花为名恣意痛饮,还写打油诗:

>丢下书刊且纵怀,
>呼朋携酒为花来;
>满园余悸冬颜色,
>尽把枝头作雪开。

日本人好酒。但，古来百姓皆寂寞，惟有文人留酒名。以前被称作文人的，大都是酒色之徒，以见无行。写和歌的歌人若山牧水每天喝一两升，死在了盛夏，尸体却不腐，医生惊叹他活着就浸在酒精里。吉田健一是评论家，他老子就是那位战败后跟美国争日本地位的首相吉田茂，说："理想是从早晨开始喝，一直喝到第二天早晨。"这种话读了乐乐罢了，不可以当真，否则，他写不出那么多文学评论和美食随笔。"快乐尽可能长些，这就是使人生幸福的方法。"此话倒可取。他爱喝葡萄酒和清酒，但想喝时威士忌也行，兑水喝一杯再继续写作。

文人大都有自己偏好的酒，例如夏目漱石肠胃不好却爱喝两口，尤其好"白牡丹"，还写过俳句：白牡丹，李白扭脸望东边。谷崎润一郎爱喝"吴春"，那酒坊主人曾帮他校对过《细雪》等作品。尾崎士郎说"自己人生的滋味凝聚在贺茂鹤中"，据说他一向把一大瓶"贺茂鹤"立在旁边，边喝边执笔。京都有酒叫"古都"，商标的字是川端康成题写的，他认为这酒的风味才是京都味儿。晚年和评论家桑原武夫外宿，川端问：你知道"古都"这种酒吗？答曰不知。于是寒夜里川端步行半小时去买了来对酌。

侨居日本廿余年，我喜欢"獭祭"。这是山口的品牌。好多年前，远在山口的友人岁暮馈赠这种酒，想起诗人李商隐为文引经据典，被说"獭祭鱼"，俳人正冈子规别号"獭祭书屋主人"，觉得这牌子有意思，喝了就觉得喜欢。安倍晋三花开二度任首相，他老家是山口，不忘帮选区推销，把"獭祭"送给美国总统奥巴马。当然是顶级的，老奥真能喝出味儿来吗？

"白牡丹""吴春""贺茂鹤""古都""獭祭"都属于清酒。据说当今清酒有五千来种牌子，基本用汉字起名，我们中国人一见就念出来。浮世绘画师喜多川歌麻吕擅画美人，这也是很多中国人喜欢的，他画了十幅荒唐女人图，其一是持螯痛饮。若不知是用来教训父母管教不严的，以为画的是湘云呢。图中的杯子是荷兰的玻璃杯，透明。杯中酒是清酒，证据在于她敞怀露臂的衣服上隐隐地画着"剑菱""男山"等名牌清酒的纹样。

一六〇三年德川家康受封为征夷大将军，在江户开幕府执掌天下，至一八六七年第十五代德川将军拱手献城，史称这二百六十五年为江户时代；喜多川歌麻吕卒于一八〇六年，另一位画师葛饰北斋比他多活四十年，这二位是浮世绘的双峰。今天所说的日本传统多始兴或定型于江户时代，而喝酒的习性古得多。一般说酿酒是随着稻作从大陆传入日本的，似乎也找不出考古证明。当日本人祖先摘果子吃的时候应该喝过腐烂发酵的果酒吧，但后来种稻吃米，学会做米酒，一下子穿越。曹操曾发布禁酒令，但到了陶渊明在世，酒喝得更凶，以至白居易说他"篇篇劝我饮，此外无所云"。恰好在曹操与陶渊明之间陈寿《三国志》记下了倭人，性嗜酒。从倭人到日本人，千余年喝的是浊酒，江户时代才澄出清酒，画出浮世绘。

江户在江户时代之初还没有独特的饮食文化，物品多是从"上方"（京都、大阪一带）贩运而来，酒就叫"下行酒"。糖化需要高温，起初不是像现在这样天凉了以后忙酿酒，而是在夏天里。八世纪都城在奈良，朝廷设有"酒造司",末叶迁都到京都,有"酒部"人家为朝廷造酒。皇权衰落,造酒变成寺院的营生,而且僧侣有文化,跟大陆往来,进一步改良技术。织田信长称霸时寺院遭打击,造酒技术流散到民间。兵库县伊丹市有个地方叫鸿池,立了一块碑,上书"清酒发祥地"。据说一六〇〇年这里用最后加灰水的法子去除天热易发生的杂菌,产生透明感,酿造出"澄酒",由浊变清。伊丹一带成为上方酿酒业的中心。伊丹酒,雅称"丹酿",居住京都的儒学家赖山阳说:只要有伊丹酒和琵琶湖鱼,到哪里为官都可以。葛饰北斋不喝酒,好的是甜食。一八一四年出版《北斋漫画》初编,画有人物百态,其中一人单臂举起大酒樽。樽上有七个黑点,那是伊丹酒名牌"七梅"的标志。喜多川歌麻吕的画里也屡次出现过"七梅",如《酩酊七怪图》。伊丹酒,以及相距不远的池田酒,由水路运到现今离东京站一站地的八丁堀,酒商们等在那里。"下行酒"大受江户人欢迎,但酒下行,钱上行,幕府担心了,下令在关东造好酒,却到底不行,原因是米磨得不够精。

一杯清酒下肚，百分之八十喝的是水。水固然重要，可它再好也不是酒，造酒第一要素是米。清酒的原料不是五粮，只用稻米。绍兴酒用糯米，古有朱元璋禁酒，不许种糯，以塞造酒之源，而清酒用粳米。造酒从精米开始，也就是磨米。米粒的表层富含蛋白质和脂肪，使酒有杂味，去之而后快。去除得越多，酒味越醇，以致江户时代有一个说法：提高酒质全在于把米磨白。评价清酒的一大标准是米粒的精磨程度。米粒至少磨掉百分之四十是"吟酿"，再继续磨，磨得几乎只剩下白白的米芯，也就是淀粉部分，酿出的酒叫作"大吟酿"。安倍请奥巴马吃寿司，喝的是广岛名酒"大吟酿贺茂鹤"。"獭祭"更夸张，把一粒米磨七天，磨掉百分之七十七，所剩无几，称之为"二割三分"，酒醇之又醇，走向了世界。造酒充分表现了日本民族的特点：精细与浪费。我特别喜欢这个"吟"字，日本人拿我们中国人吟诗的功夫来酿酒，在细节里寻找上帝。听说绍兴酒几乎不精米，自有中国人的大气，所以绍兴酒浓醇，香味复杂得说不清。清酒香味很单纯，美其名曰淡丽，我们却觉得寡淡如水，乃君子之交。

　　日本改良出三十多种适于造酒的水稻，最受捧的是上世纪二三十年代兵库县培植的"山田锦"，粒大，蛋白质含量少，不容易磨碎。最早精米用杵捣，后来长年脚踏舂。江户时代也到了中期，大阪湾北岸有一处叫"滩"的沿岸地带率先用水车替代了人力，把米磨掉三成，留下七成酿酒，名为"滩之生一本"，质量更上乘，遂取代伊丹、池田，成为名酒产地。而且，距离江户比伊丹近两三天，也便于保质保量。闹了一阵子尊王攘夷，日本就变成明治时代，造酒用上电动精米机，提高精磨度。那也只是米粒之间你蹭我我蹭你地磨掉一层皮，一九三〇年前后改进精米机，用金刚砂像砂纸一样磨，精米更有了想象的空间。清酒自古用米和米麹酿造，但上世纪日本大搞战争，主食米极度匮乏，限制造酒，于是用添加酒精的手段来增产。要想喝传统的清酒，那就得喝"纯米"的。加不加酒精是清酒分类的标准之一，"吟酿"加酒精，不加是"纯米吟酿"。

酒里毕竟多是水，对于淡如水的酒，水尤为要命，所以酿好酒还有一个至关重要的条件，那就是水，而且水源不可能挪窝。一八四〇年前后"菊正宗"酒厂创始人在西宫和鱼崎两地造酒，总觉得西宫的酒好，探究的结果在于水。从岸边五米深的浅井涌出来的水适于造酒。据后世分析，造酒用水的最大有害成分是铁，西宫的"宫水"含铁少。它属于硬水，酿出的酒是"辛口"，而软水酿"甘口"。"辛"与"甘"是糖分所致，糖分多则口味甜，少则辣。这就是"日本酒度"，商标上用正负号表示，正数越大越"辛"，负数越大越"甘"。为有西宫水，大关、日本盛、泽之鹤、白鹿等酒厂集中滩之地，大量生产，供人们大量消费。二〇一四年全国新酒鉴评会从八百六十四种新酿清酒中评出金赏酒二百三十三种，所以你遇见金赏酒也不必惊喜。

喜多川画上的酒是黄色的，正像陆游诗：酒似鹅儿破壳黄。清酒本来跟绍兴酒一样是黄色的。起码上世纪日本被麦克阿瑟统治的时候酒还黄，有小说为证。池田大作在《人间革命》

中写道:

> 主人公户田城圣带员工来家吃锅子，久违的牛肉香诱人。户田喝了一盃，对妻子说："换大杯!"杯中泛起了暖暖的金黄色，他透过杯中酒看着置办这顿晚宴的奥村说："这是好酒，从哪儿弄来的？""不要管啦，绝密。"奥村笑嘻嘻，好像很得意，把筷子伸进锅里。"人都有很多才能，今晚奥村可立了大功。

战败之初，日本穷得丁当响，但不白，从底色复兴。黑市猖獗，酒淡得能养鱼，叫作"金鱼酒"。酒的金黄色是米的本色，这颜色生生被滤掉。过滤是技术活儿，因为用活性炭过滤，同时也吸走米香，酒就没味了。风行把米磨到微乎其微，滤得无限地接近透明，其实是上世纪八〇年代以来的事，日本经济狂得像啤酒泡沫。"无过滤酒"带颜色，市场也有卖，别有香味。清酒放久了变黄，则属于变质。为防止紫外线，清酒玻璃瓶多为茶色，还有绿色，倘若是透明的，有的会包上一层纸。

日本人惯吃生鲜，清酒也要喝新的。杜甫有诗：盘飧市远无兼味，樽酒家贫只旧醅。可见，唐代喝新酒为好。日本考古学家林巳奈夫说："日本人的饮食生活是随稻作一起从中国传来的。中国变化了，但日本在岛国环境中保存下来。"有人来日本寻觅唐朝遗风，那就喝喝清酒吧。

这酒榨出后，"酒藏"（酒坊、酒厂）就在房檐下挂起一个球，用杉树叶做的，叫"杉玉"，也叫"酒林"，只见它由绿变枯，酒就熟成了。绍兴酒也是发酵酒，陈酿几年，酒香的特色在于熟成。清酒讲究生鲜香，顶多存一年，超过一年的"古酒"就不为一般人喜欢，所以不会有藏酒一说。据说近四十年，日本酒的市场缩小了三分之二。销量逐年下降，原因诸多，如饮食西方化，清酒不相宜。又如喝葡萄酒、威士忌显得洋（西洋）气，大叔泡酒馆才温一壶清酒来。二〇一三年京都市率先通过"关于促进清酒普及的条例"，各地效法，提倡用日本酒干杯，还有免费提供第一杯的。

温酒喝基本是冷天。江户时代后期的小说家曲亭马琴说，从九月九日重阳节到三月三日上巳节，这期间喝温酒不得病。过了三月三不温了，那天叫"别火"。庶民喝的是浊酒，不宜温。庶民喝温酒已经是十九世纪初叶，喝得起清酒了，一年四季温酒喝渐成风习。最惬意的方法是把酒壶浸在热水里慢慢热，现在很少有这样的酒馆了。江户时代各地诸侯在江户设"驻京办"，带来家养武士有五十万之众，都是单身汉，繁荣了江户的酒馆和妓院，屐痕处处，这就是今天工薪族下班聚饮的源头。

日本人对醉酒出丑的态度远远比中国人宽容。中国人劝酒乃至灌酒，若当真喝多了，又被说贪杯，甚而鄙夷。常听说日本人喝酒时对上司也可以放肆，第二天上班做昨晚啥也没发生状。这大概是"无礼讲"传统，何止开怀畅饮，简直是不分上下尊卑地胡闹。一九三〇年代搞精神文明，负责其事的人写了一本有关国民礼法的书，其中讲喝酒：酒席上大家醉了乱闹，自己一个人却稳坐在那里，反倒不合礼。人家痛快地喝，自己也该痛快地喝，人家胡闹自己也该胡闹。日本生活中颇有些给人破坏秩序、脱离日常的机会，譬如各种"祭"（庙会），闹腾完了回归日常，规规矩矩。不过，有人说日本漫画充满了暴力，年轻人看漫画发泄了暴力情绪，在现实生活中就爱好和平，此话则近乎扯淡。

葡萄牙传教士陆若汉精通日语，跟丰臣秀吉、德川家康打过交道，也曾从澳门赴明朝，他比较过中国人与日本人，说：盃的大小，中国人远远比日本人收敛。也许中国人为了边聊边喝，消磨时间喝到醉，盃非常小，多少盃加起来也不如日本那一大盃。此外，日本人用一个大盃轮流喝，而中国哪怕是家人也各置一盃，自己喝自己的，绝不用自己的盃让他人喝。有人后入席，就拿出新盃，或者把他人用过的洗了之后让人用。陆若汉讲的是"巡盃"习惯，如今已绝迹，但我跟日本朋友喝酒，觉得他们仍然不像中国人那么介意用别人的盃喝酒。陆若汉也写到劝酒灌酒，那些办法简直像恶魔教给日本人的，令他惊讶。例如衔盃膝行到某人面前，某人哪怕生来几乎不喝酒，碍于面子也只好接过盃喝。所谓日本人不劝酒，乃当今时代的景象，或许是为了显示自由与民主。

诸葛亮的知人之道有七焉，其一是"醉之以酒而观其性"。喝酒去——可我，总是先就把自己灌醉。

茶道与日本美意识

日本的茶道很有名，不论见过没见过，大概都有点印象，可说是日本文化的一个符号。日本有几个文化符号都给我们留下了印象，例如艺妓、相扑，实际上都相当落后。艺妓是有钱人的玩物，相扑的肥胖违反现代的健康标准。比较现代的是漫画和动画片。茶道也有落后的一面。说到茶道，就会说三千家。日本最有名的"茶人"（茶道家），叫作千利休，姓千，利休是他晚年到皇宫里做茶会，天皇赐予他的号，他活着的时候作为茶人一直叫宗易。他生于一五二二年，因触怒丰臣秀吉，一五九一年被勒令切腹，基本上活在战国时代。茶道，令人有和平之感的修养，产生在战乱的时代。

一六〇三年以后，史称江户时代，所谓武士道在我们的印象里是杀戮的说教，却产生于这个天下太平的时代。千利休死后，道统相传，第三代是千宗旦，后来他退隐，由三儿子继承，叫作表千家。表千家的象征性茶室是不审庵，取自大德寺的古溪和尚写了一行"不审花开今日春"。千宗旦在不审庵的后面建了一个茶室，因大德寺的清岩和尚写下"懈怠比丘不期明日"而名为今日庵，后来四儿子继承，就叫里千家。还有个二儿子过继给武者小路那里的漆匠，后来又回到千家，他从事茶道叫武者小路千家。这就是三千家。茶道是一门手艺，也是一个生意，甚至更像是传销。千家善于经营，在茶道界独大，以致说茶道，好像日本只有这么一家。茶道很难做出客观的技术评价，延续主要靠血统和权威，那就是封建的家元制度。入门学艺，学成就有了资格，开门授徒。师徒是主从关系，门徒不断晋级，但不能取代金字塔顶尖的"家元"，他是一家之主，一切都由他说了算。日本社会的有序，所谓纵向社会，很大程度上建立在这种落后的家元性之上。

实际上，日本摆弄茶的人，通常称之为"茶汤"，或者就一个"茶"字，不大叫它茶道。反倒是我们中国人，用中国的意识，太在意那个道字，很有点神秘感，道可道非常道，玄之又玄。

茶道这个词是江户时代（一六〇三~一八六七）才有的，那时候日本关起了国门，用台湾名人李敖的话说，像一个大酱缸，发酵各种道。道教早在佛教之前就传入日本。对于日本人来说，各种道，茶道、花道基本上就是个称呼，唯有武士道，近代以来大肆强调、鼓吹它的精神性，特别是一个道。有人从伦理的角度把日本历史划分为天理的古代，道理的中世（十二世纪末镰仓幕府成立至十六世纪末室町幕府灭亡），义理的近世（江户时代），公理的近代（明治维新至战败）。天理的天，具有道教的意思。起初，古代的平安时代道主要是知识分子的技艺，例如阴阳道，并不是伦理观的东西。好比当今中国卖茶叶的表演，叫茶艺。从中世到近世，武士执掌天下，各种艺逐渐加入伦理性。几乎凡事不打出宗教的旗号就不能算文化性活动,艺纷纷变成艺道。中国的茶艺用什么思想来指导,也会变成茶道,用来修身养性。教养,修养,其目的或结果使人同质,性质及人格同一,有助于形成共同体的秩序。

日本最有名的词典《广辞苑》这样解释——茶汤:招待客人,点抹茶,并且设筵开席,也叫作茶会。茶道:用茶汤修养精神,钻研交际礼法。可见,这两个词在日本有不同的用法。一般人并不把茶道当回事。茶道在明治时代(一八六八~一九一二)被纳入女子教育,现在学茶道的九成是女性,特别是女人要结婚了,学学茶道显得有教养,也就有了我们常悬想的温柔形象。

传说是千利休说的:所谓茶汤,就是把水烧热,点茶,喝。但实际上越弄越复杂,超出了常识的范畴。茶道是一个综合的文化体系。它涉及建筑、园林、美术、工艺、饮食乃至宗教、思想、文学、艺能,方方面面。例如茶室是建筑,叫作"露地"(茶庭)的是园林,各种茶具属于工艺,茶道用的陶器叫茶陶,更促进了陶瓷的发展，点茶和饮茶的动作仿佛舞台上的能剧表演。以茶道为题，几乎能道尽日本文化。

茶道给我们的印象是素雅，可能这也是整个日本文化给我们的印象。不过，素也好，雅也好，我们都是用我们中国的审美来感受的。日本常用雅来表示平安时代的美（七九四年桓武天皇把都城从奈良迁到京都，叫平安京，至一一九二年源赖朝受封为征夷大将军，在镰仓开立幕府），体现这个雅的文化几乎都是从中国拿来的。室町时代（一三九二年南北朝合一，至一五七三年第十五代将军被织田信长逐出京都，这中间一四六七年发生应仁之乱，此后的一段历史也称作战国时代）日本逐渐确立了素的审美。虽然也出自中国文化，特别是宋代文化，但日本把它做到了极致，定型为自己的文化。茶道强调素的一面，但我们看茶道表演可能感觉的是雅。

有一个日本哲学家叫久松真一，把茶道的美意识归纳为七种：一是不均齐，二简素，三枯高，四自然，五幽玄，六脱俗，七静寂。这七样,在中国文化里,尤其在老庄思想和禅宗里应有尽有,但日本拿了来,无所不用其极,连我们本家也不得不承认是他们的了。"枯高",枯是枯萎的枯,高是高迈的高,不是《老子》里说的"草木之生也柔脆,其死也枯槁"的槁。这个枯高就是所谓"寂",或者"涩味"。日语里"寂"与"锈"同音,历经岁月生锈了,不见了生气或活力,便显得高雅。例如茶室或寺庙里立着石灯笼,上面生长了青苔,那就是"寂"的样子。随便拿出一首古诗,例如独坐幽篁里,弹琴复长啸,深林人不知,明月来相照,这七种情趣全有了(不对仗就是不均齐)。欧阳修也曾就绘画艺术提出"萧条淡泊"之说。在居酒屋(酒馆)喝酒,老气点儿,伙计端来一笸箩的盃子,各式各样,任客人选用。我们就友邦惊诧了,因为中国讲究筷子成双,碟碗相配,满桌子统一,如果盃有大有小,说不定为了喝多喝少争执起来呢。

日本人谈论日本文化大都以西方文化为参照,与西方比较而言,所谓特色,往往在我们看来并不特,其色与中国有关,但有些人对自己的文化不了解、不关心，不免要大惊小怪。陈寿在三世纪末叶撰写《三国志》，也写到日本，而日本到了八世纪初叶才写出第一本史书《古事记》。由于旁边有一个过于先进的文化，日本美意识很大程度上不是自然发生的，而是取之于中国，再加以改造。不消说，改造就先得有所否定，有所破坏。

说茶道，先要说茶。

茶最初被遣唐使拿回日本。九世纪初他们用汉语作诗，叫"汉诗"，有这样的诗句：吟诗不厌捣香茗，或者，提琴捣茗老梧间。捣，就是把唐朝的团茶捣碎。那时候大内里也种植茶园。几代天皇积极引进唐朝的制度、文化，茶叶是其一。八九四年停止遣唐。自以为学好了，不必再冒险去中国倒腾文物制度，开始搞国风文化，要自立于民族之林。最重要的一件事是从汉字派生出假名，而喝茶这事儿不了了之。遣唐很费钱，国库空虚，王朝已无力操办，况且海上商船往来，民间贸易取代了国家行为。

中国到了南宋，书籍、香料、药品，特别

是铜钱，源源输入日本。朝纲紊乱，帮权贵打仗的武士进入政界，一个叫平清盛的把持了国柄，推进并掌控与宋朝的海上贸易。南宋年间每年有四五十艘日本船装载铜钱回来。他们给中国送去的是沙金、硫磺、刀剑、漆器、折扇、木材等。有一艘从泉州来的宋船，载有青瓷、白瓷之类的碗四千个，盘子二千个。平清盛死后，源赖朝灭了平家，在镰仓设立幕府，开创了武士执政的镰仓时代，天皇从此靠边站。荣西在镰仓幕府成立前一年的一一九一年从南宋回到了日本。

不畏风险在海上来来往往的，除了商人，就是和尚。这位叫荣西的和尚，一一四一年生（这一年岳飞被解除兵权），一二一五死（当年忽必烈出生，长白山天池喷发）。荣西两度到西天取经，第一次去是二十八岁，乘商船从博多（今福冈）渡海到明州（今宁波），逗留了将近半年，带回来三十多部经卷。四十七岁再次赴宋，打算借道去印度参拜佛迹，但南宋政府不许可，悻悻回国，可是船被风吹回来，只好重上天台山万年寺，可能把携带的沙金都捐给寺庙。南宋禅宗兴盛，荣西得到临济宗黄龙派的衣钵。四年后归国，不仅带回来禅宗，还带回来宋朝的生活文化，特别是茶种和饮茶的理念及作法。历史不能假设，假设他如愿去了印度，或许就不会带回来茶，日本也可能不会有茶道。历史的进程往往是偶然的。不过，南宋的商船往来频繁，在荣西之前，宋商已经把吃茶的习俗带到了日本亦未可知。

荣西回国在福冈一带上陆，先在那里布教，可能茶最初也种在那里。一一九五年荣西创建圣福寺，是日本第一座正规的禅寺，当时在位的后鸟羽天皇题匾额"扶桑最初禅窟"。荣西到京都，把茶种送给高山寺的明慧上人，在寺内栽培，很长时间里那一带出产的茶叫本茶，其他地方的茶叫非茶，低一等。学宋人斗茶，辨别哪里出产的茶，可见茶的种植很快就普及各地。受到京都比睿山延历寺的既成宗教势力压迫，荣西去幕府所在地镰仓，第二代将军源赖家皈依。有将军外护，回京都建立建仁寺。这座寺庙在花小路的尽头。游客去那里看艺妓特别是舞伎，和京都特色的房屋，然后也不妨进建仁寺逛逛，境内有荣西圆寂的遗迹。荣西开创日本临济宗，但当初不得不与其他宗派妥协，真言、止观、禅三宗兼修。半个世纪后兰溪道隆来当住持才变成纯粹禅的寺院。兰溪道隆是西蜀人，从南宋带来地道的中国禅，此前已经在镰仓创立建长寺。

荣西带回来的是宋茶，用石臼碾成齑粉，至今如故，叫"抹茶"，也写作"挽茶"或"碾茶"。我小时候家穷，买茶叶末喝，那是茶叶在容器里碎成末，不是抹茶。胡适日记中记载："铃木大拙先生自碾绿茶，煮了请我喝。这是中国喝茶古法。秦少游诗：'月团新碾瀹花瓷，饮罢呼儿课楚辞。'"瀹，就是煮，宋代是煮茶。瀹还有浸渍的意思，当今日本茶道不是煮，而是用汤（热水）浸渍。

胡适说过："铃木大拙一流人，总说禅是不可思议法，只可直接顿悟，而不可用理智言语来说明。此种说法，等于用 X 来讲 X，全是自欺欺人。"胡适的这个说法对于我们领教日本人讲中国文化以及日本文化是一个提醒。

陈寅恪早年负笈东瀛，据杨联升听隋唐史的笔记，他在课堂上说："日本旧谓其本国史为'国史'，'东洋史'以中国为中心。日本人常有小贡献，但不免累赘。东京帝大一派，西学略佳，中文太差；西京一派，看中国史料能力较佳。"当今对日本人研究中国是一派恭维之声，例如他们编写了一套中国通史，本来是写给一般对中国历史没有多少知识的日本人看的，充其量是史话，但翻译过来，我们的史学家捧之惟恐不高。

鲁迅说过："还有一样最能引读者入于迷途的，是'摘句'。它往往是衣裳上撕下来的一块绣花，经摘取者一吹嘘或附会，说是怎样超然物外，与尘浊无干，读者没有见过全体，便也被他弄得迷离惝恍。"我常觉得日本文化就是中国文化的"摘句"，尤其是茶道。

茶在日本立下第一功是解酒。据史书记载，镰仓幕府第三代将军源实朝宿醒，日本叫"二日醉"，荣西给他喝了一杯茶，同时献上自己撰写的《吃茶养生记》。源实朝这位大将军崇仰宋文化。有一个中国工匠,叫陈和卿,来日本帮助建造奈良东大寺的大佛,到镰仓晋见源实朝,说源实朝前世是宋的医王山长老,陈和卿是他的弟子。源实朝记得自己也做过同样的梦。陈和卿便鼓动源实朝赴宋参拜医王山,他欣然接受,不顾幕臣们反对,下令造大船,可能太大了,下不了水,最终朽烂在岸上。

　　茶来自中国,日本茶道的源头也是在中国。例如茶道有一个工具,叫茶筅,用它像刷锅一样把茶汤搅起泡沫。宋徽宗在《大观茶论》中写道:"茶筅以筋竹老者为之。"大概荣西头一个在日本寺庙里用茶筅点茶。现在日本使用的茶筅与宋代不同,是草庵茶的鼻祖村田珠光请人制作的。《大观茶论》中说使用茶筅要"手轻筅重,指绕腕旋",看日本茶道表演,手法正是如此。中国人喝茶讲究的是茶,而日本茶道更重视的是茶具和程式。宋人蔡襄所撰《茶录》关于茶器论说甚详,例如茶匙,"茶匙要重,击拂有力,黃金為上,民間以銀鐵為之"。明代以后中国用茶叶沏茶,这些器具就用不上了。很多日本的事物,我们仿佛站在河边,只见河水在眼前流淌，叹为观止，却不知道或者不关心它从哪里流来的。

日本人也喝茶叶，叫"煎茶"。煎茶也有道，鼻祖是明末清初来日本的隐元禅师。隐元创立日本黄檗宗，寺在京都府的宇治，叫万福寺，跟京都的其他寺庙相比，游人比较少，不像是景点，非常有寺庙的氛围。隐元带来了明朝文化，建筑、书画、诗文乃至饮食。宇治是有名的茶产地。江户幕府把那里收归为直辖的领地，每年四月（阴历）派出"宇治采茶使"，从江户抬着四十来个茶罐浩浩荡荡走到宇治，装满了罐子再浩浩荡荡抬回江户，供将军家饮用。这个制度延续了二百五十来年。

茶之于日本，和中国最大的不同，在于我们开门七件事，柴米油盐酱醋茶，茶是从日常生活提升为文化，而日本却是从中国拿来茶文化，一开始就具有文化性，所以很容易成"道"。其他很多事物也如此。

禅寺有吃茶仪礼，临济宗叫茶礼，曹洞宗叫行茶。宋慈觉禅师宗赜的《禅苑清规》有详细的规定，例如，"院门特为茶汤，礼数殷重，受请之人不宜慢易";"吃茶不得吹茶,不得掉盏,不得呼呻作声"。荣西的徒孙道元从南宋取经回来,开创日本曹洞宗。他学回来很多规矩,在永平寺制定"永平清规",诸如不得嚼饭作声,不得伸舌舔唇,不得抓头落屑,喷嚏当掩鼻,剔牙须遮口。庙里的各种作法传到民间,逐渐形成日本人的饮食规矩,以至于今。这些吃饭的规矩对于茶道的作法也大有影响,是茶道制定一招一式的样本。

茶从禅寺传出去,茶礼也跟着传入民间。不仅是茶,日本和尚像倒爷一样把很多的生活文化从中国倒腾来,经由禅寺普及民间,例如豆腐、纳豆。所以我们看日本普通人的生活仿佛都带有禅味,但这不等于日本人就懂禅,正如我们中国人能把《论语》的词句挂在口头上,但不能说我们统统懂儒学。日本有各种道,茶道、花道、香道、剑道、武士道,等等,这些并不是禅的表现形式,而是各行各业都拿禅当指导思想。没有思想,清茶聊天成不了道。

茶禅一味,茶道之所以和禅有密切关系,首先在于茶是荣西把它和禅捆绑着带回日本的。

其次，创立茶道的三代人村田珠光、武野绍鸥、千利休都曾在京都的大德寺参禅。他们极力把茶摆脱日常的俗世，搞成佛道修行，喝茶如打坐。珠光是奈良人，他跟一休和尚参禅。一休多才多艺，在艺术上对珠光也颇有影响。他把宋代高僧圆悟克勤的墨迹送给珠光当毕业证书，现今是茶道界第一墨宝，日本的国宝。珠光成天参禅、点茶，终于有一天觉悟禅就在茶汤中，茶与禅就一味了。庄子早说过，道在屎溺中。第三是禅僧的墨迹。进茶室（茶道术语叫"入席"）的做法是这样的：先在入口的踏石上蹲下来行礼，往里探头，便看见正对面墙上悬挂的墨迹，"初发心时便成正觉"。钻将进去，"乃见须弥入芥子中"，这就是脱离世俗与日常的美的空间。欣赏那些茶具之后坐到自己的席位。所谓墨迹，是禅林墨迹之略，多出自大德寺派禅僧之手。茶书《南方录》说墨迹为第一，乃主客一心得道之物也。也挂画，但画不如字一目了然，心里顿生禅意，与主人统一了思想。当然不限于禅宗，也有其他宗派以及民间信仰的茶人。

日本文化之美有两面。

去京都旅游，有一个必看的景点——金阁寺。不大的三层楼阁坐落在水池边，上两层外壁贴金。这个金阁是上世纪五十年代重建的，所以它属于世界文化遗产，却不是日本国宝。一九八〇年代重新贴金，令游客惊叹其金光灿烂。它代表了日本文化的华丽一面，像精美的和服，像三岛由纪夫的繁缛文字。这种华丽一看就像是中国文化。

京都还有一个银阁寺，好像中国游客不大去，其实日本人也不大去。日本文化的另一面以银阁寺为代表，也就是他们大加张扬的日本美。银阁并没有贴银，而是涂了黑漆，泛起银光。年久失修而剥落如疤，可能我们中国人便看见衰败，人去楼空，国家兴亡，日本人却看出美，名之为"寂""侘"。寺庙坚决不把银阁寺的外壁重新涂漆，大概修缮一新，也就不"寂"不"侘"了。"侘"是不求装饰，结构简素，色彩枯淡。典型是只使用砂子和石头布置的枯山水庭园，像留有大片余白的水墨画。

金阁寺重建之前金箔剥落，也是一副简素的模样，现在游客亲眼看见的正是它最初的景象。有点像鲁迅说的，他认识一个土财主，买了一个鼎，土花斑驳，叫铜匠把它擦得一干二净，摆在客厅里闪闪发铜光。此事让鲁迅得了一种启示："例如希腊雕刻罢，我总以为它现在之见得'只剩一味醇朴'者，原因之一，是在曾埋土中，或久经风雨，失去了锋棱和光泽的缘故，雕造的当时，一定是崭新，雪白，而且发闪的，所以我们现在所见的希腊之美，其实并不准是当时希腊人之所谓美，我们应该悬想它是一件新东西。"

金阁寺在京都北边，起先室町幕府第三代将军足利义满在那里修建山庄，叫北山殿，他把将军的职位让给儿子，仍然在这里把持实权。义满垄断和明朝的贸易，大概北山殿里一屋子一屋子的中国舶来品，叫作"唐物"。义满死后北山殿改为禅寺，叫鹿苑寺，通称金阁寺。

长达十年的应仁之乱平息后，经济凋敝，第八代将军足利义政，他是义满的孙子，把职位让给儿子，自己在京都东边建造东山殿。实际上掌权的是他老婆,这个女人很贪婪,不给义政出钱。银阁想贴银箔也没有钱,上层里外涂黑漆,下层有色彩。义政死后变成禅寺,叫慈照寺,通称银阁寺。

金阁寺和银阁寺,一个华丽,一个简素,合在一起才是完整的日本美。这两个方面都来自中国文化,一个露骨地显示中国文化,一个把中国文化不突出的部分极致化。就好比去日本旅游,吃荞麦面,调味很简单,甚至就是芥末、葱、配制的酱油,让你足以领教日本人生活的简素。我曾仿照日本俳句写过一首吃荞麦面:辣味穿鼻过,面比市面更萧条,嘴里淡出鸟。但是住温泉旅馆里,吃一顿晚餐,丰盛而精致,就见识了日餐真是给人看的。

银阁寺中有一座东求堂(六祖坛经:东方人造罪,念佛求生西方),里面有一间同仁斋(韩愈:圣人一视同仁),四叠半大小,铺满榻榻米(榻榻米论叠,一叠有单人床大小,用以计算房间面积),这是所谓"书院造"的原型。书院,本来是禅寺里称呼客厅兼书斋,武士有权有势了，兴建豪宅，也弄个书院。以前京都贵族的住宅样式是"寝殿造"，像中国住宅那样讲究对称。旅游日本，入住温泉旅馆，屋里铺一地榻榻米，家徒四壁，只是有一处很特殊，宽不足一米，长大约两米，几乎能睡一个人，这个空间叫"床之间"。叫法和格局有所变化，始终是用来装饰的。武士也要很文化，用这块地方挂字画、摆花瓶。榻榻米上摆一张大木桌，放两把没有腿的靠背椅，背对床之间是上座。富人装修，预先设计出摆放古玩的地方，而穷人的房间里如果有余地，也总想摆设点什么，哪怕不值钱。书院造建筑在江户时代初期定型，但床之间浪费空间，这种和式住宅现在越来越少。

我们作为游客看茶道，人家当面表演给我们看，双方都无"道"可言。但是在书院式宅第里请人喝茶，宽敞而豪华。点茶的人属于端茶倒水的等级，另有房间，就像办公楼里的茶水间，在那里点好了端过来。饮茶之前，先欣赏主人各屋子里收藏的唐物。室町时代，室内的技艺、娱乐多起来，招待客人当然要摆设，也就是显摆，权贵人家在床之间摆设唐物。对中国文化的敬畏之心古已有之，拥有了唐物似乎就拥有中国文化所具有的优越感。这样的茶汤叫"书院茶"。

中国喝的是茶本身，而日本把茶作为文化拿来，更注重喝的仪式。茶从禅寺连同形式一起传到民间化。日本菜也如此，过于形式化。战国时代不分贵贱，茶汤繁盛。织田信长把三十八种茶具带入本能寺，预定翌日开茶会，给博多豪商岛井宗室欣赏，但是被明智光秀造反，传说岛井趁乱拿走了空海书写的《千字文》。信长对茶汤感兴趣，更加以利用，拿茶具赏赐，赋予了特别的意义。道具变成工具，超出了茶道的范围，变为维护权力的工具。由他开了头，江户时代这种将军家和大名（诸侯）之间、大名和家臣之间茶具的进献、赐予几乎日常化。

织田信长强取豪夺地收集唐物。师事过武野绍鸥的武将松永久秀谋反，织田让他交出茶釜"平蜘蛛"来免罪，但松永不肯，砸碎了茶釜同归于尽。泷川一益是织田信长麾下的四大天王之一，论功行赏，比起大片的封地，他更为没得到织田的茶罐"小茄子"而丧气。

丰臣秀吉接替了织田信长，一统天下，把金矿银矿收归为自己的领地。他最爱黄金，打造移动式黄金茶室。那时候的文化是黄金文化。秀吉好大喜功，在茶上比信长有过之而无不及，固然是个人爱好，但更是为巩固权力，茶会也必然奢华而浩大。

村田珠光（一四二三～一五〇二）也曾到足利义政的同仁斋里饮茶。他把这样的小房间加以简单化，也就是简素。日本中世纪文学中出现不完全的美、否定的美，珠光主张欣赏云间月，胜过当空一轮月。这种美意识，十四世纪前半，镰仓时代的兼好法师已经主张了。他撰写的《徒然草》，与《枕草子》齐名，是日本随笔文学双璧。兼好法师主张，花不看盛开，月不看圆满，否定圆满、完整、均齐的美。如今日本人赏花，成群结伙，在盛开的樱花下痛饮，有的还高歌，这违反了所谓独特的日本美。有人讲日本赏樱，讲的是过去的莫须有的东西，并不是日本的现实，造成我们对日本的误解。

不平衡之美，是与中国的平衡之美比较出来的，残缺之美也是与中国的完整之美相对而言。中国讲究对称，西方也讲究对称，这是传统美，日本人打破对称，有一种当代艺术的感觉。断臂维纳斯是一种美，西方也欣赏，但日本人逐渐把残缺美弄成了日本审美的主流。苏轼有诗，月有阴晴圆缺，此事古难全，说不上谁胜过谁，淡妆浓抹总相宜，自有一种豁达，我们觉得有禅意。把圆视为正常，缺则不正常，赏缺可说是另一种禅意。

当时流行的连歌美意识是枯冷，珠光把这种美意识引进茶汤里，在茶道历史上成为"侘茶"之祖。村田珠光本人没用过"侘"。和千利休同时代的山上宗二解释：没有了不起的器物，代之以具有了不起的境地和技术，在物质的匮乏中追求精神的丰富。千宗旦在《禅茶录》中写道：不把不自由当作不自由，不把不足当作不足，不把不顺当作不顺。古人有"词不尽意"的说法，大概不尽的东西就是余情，从这里面生出"侘"。

什么样是"侘"呢？

传说有一天,千利休家的牵牛花(日本叫"朝颜")开得好,丰臣秀吉听说了,就要来他家赏花开茶会。孰料千利休赶在他到来之前把花统统拔掉了,秀吉十分的恼怒,进得门来,却看见花瓶里插了一朵牵牛花,就惟有赞叹了。这就是"侘"之心造成的"侘"之美,但可能也含有对丰臣秀吉拥有天下的嘲讽。牵牛花的种子是遣唐使当作药材从中国带回来的。我们也有欣赏一支梅的审美。"前村深雪里,昨夜一枝开"。这是晚唐的齐己作的,他是禅师。"一枝开"已经有"侘"的倾向,终不如千利休决绝,扫荡了满园春色,只留一朵,造成了日本独特的美。

还有个传说。某人有一个茶罐,属于名物;所谓名物,是有来历、有说道的茶具,例如村田珠光用过的茶罐。这个人特意拿给千利休看,但他翻白眼。某人一气之下,把茶罐摔碎了。别的人觉得可惜,把碎片粘起来,恢复原形,千利休见了大赞其"侘",赏以青眼。

"侘茶",也叫"草庵茶",这个"侘"字在现代中文里不好理解,所以我把"侘茶"就叫草庵茶。草庵，可以望文生义，简陋，或者说得好听点，简素。草庵和书院，字面上形成对照。武家大宅院里喝的是书院茶，与之抗衡的草庵茶后世成了气候，以致说茶道，几乎就是指草庵茶，村田珠光也被说成了茶道之祖。当时还没有茶室的叫法。不消说，草庵并不是穷人居住的粗陋房屋，而是一些好茶的富商在自家的宅院里辟出一片让人想象深山幽谷的小庭园，搭建一个让人想象隐士所居的草庵，当作脱离世俗的"市中山居"。禅僧良宽有一首五言诗，描写了脱俗的生活：生涯懒立身，腾腾任天真，囊中三升米，炉边一束薪，谁问迷悟迹，何知名利尘，夜雨草庵里，双脚等闲伸。恐怕那些能玩茶的人不过是叶公好龙，不会真去过这种境界的生活。

村田珠光改造了富贵人家的茶室。书院茶的茶室墙上有画，珠光糊白纸，而继承他的武野绍鸥干脆就裸露土墙。绍鸥是富商，拥有五六十种唐物。他主张"侘"基于心的本性，不是装。"侘"不是从茶碗上看出来的，不是从茶汤里喝出来的，而是心里有"侘"，则无处不

"侘"。不过，他们在这样的房间里还是使用唐物，所以还不够简素，不够"侘"（草庵）。千利休跟武野绍鸥学茶，尊崇村田珠光。他继续革命，干脆把空间只留下二叠，大概有点像当今的胶囊旅馆，不知北京城里有没有。从武家大宅院的角度看，茶室是简化了，但是有园林，有各种布置，从生活来看，并不简素。简素不等于俭约，简素是一种美意识，其思想来自禅，终极是无。简约是过日子的方法。权贵所追求的简素更与实际生活的俭约无关。拿书法打比方，书院茶是楷书，珠光是行书，而绍鸥是草书，千利休就是狂草了。

京都的妙喜庵里有一个茶室，叫待庵，说是千利休用过的，也是最古的茶室，是国宝，参观需要提前一个月预约。草庵茶的茶室是四面土墙，有窗户和入口。茶客进去就关上入口的木板门，只剩下窗户采光。钻进这样封闭的空间，像禁闭室一样，脱离了日常，不喝茶也可以反省。禅宗的始祖菩提达摩在山洞里面壁九年，茶道也有意造成一个别有洞天的环境，借以脱俗。茶室小得不足二叠，不留余白，主人与客人几近促膝，倒像是过于执迷了。东京的新宿、涩谷等地小胡同里有非常小的酒馆，三五客人一个挨一个坐，里面的人要出去方便，全体起身到外边去，为之让路，这大概是茶室遗风，我们中国人很是受不了。四叠半是茶室的普遍形式。在小屋子里浅斟低唱，叫"四叠半趣味"。四叠半构成一丈见方的房间，大概是效仿维摩诘居士所居的方丈之室。维摩诘作为在家菩萨与大智的文殊菩萨论辩大乘妙理，这个佛经故事是禅寺的常识。维摩诘居室虽小，却广容大众，或许小小的茶室也暗含时间与空间的无限性，亦即精神性。更绝的是千利休在大阪看见渔民钻进船篷的入口，觉得有意思，看出"侘"，于是在茶室窗下开个口，也就二尺见方，供茶客出入。写作躏口，也叫"潜"，就是来回钻。江户时代儒者太宰春台写道："开有小窗，白昼也昏暗，夏天甚热，客人出入的口如狗窦，爬将进去，呼吸不畅，冬天也难以忍受。"这样爬进爬出，确像被蹂躏。在和式房间里起居，不宜站立，一切东西都是坐下来或跪下来看。茶室小，器具、颜色等与之搭配，审美标准也必然发生变化。躏口像狗洞一样，武士也无法带那么长的刀钻进去，只好把刀摘下来。后来就附会诠释，茶室里人人平等云云，于是茶道又多了一种思想境界。

村田珠光、武野绍鸥并没有丢开唐物。珠光说，草棚拴良驹，从粗糙与豪华的对比中发现美。到了千利休，就在粗糙中找出粗糙的美，草棚里拴的是老马、瘦马、驽马。驽马十驾，功在不舍，这就是对于驽马的欣赏。千利休这种审美的背景也在于战国时代武士下克上即以下犯上的造反精神。千利休更根本的改革是打破对唐物的崇拜和迷恋，这也是对中国文化的最大否定，改变价值观，建立自己的美意识。不过，他并非颠覆了中国传统的审美，犹如书法，只是笔走偏锋罢了。不按规则出牌，但毕竟在打牌，不可能下牌桌，中国文化就是一个大牌桌，如来佛的掌心，孙猴子也跳不出去。千利休不用唐物，自力更生，让一个叫长次郎的工匠来烧制。说来像千利休这样的美的创造者是非常偏执的，非常的自以为是。据说长次郎的祖先从大陆渡海而来，他本人是烧制瓦片的。当时，日本已经濑户、美浓等茶碗，但千利休觉得长次郎烧制的茶碗正是他向往的美——"佗"。因为用丰臣秀吉建造聚乐第掘出来的土烧制，所以叫乐茶碗。千利休说它美，大家也跟着说，越看越喜欢。乐茶碗制作不使用辘轳，用手捏，用竹片削。做出来的东西当然像歪瓜裂枣，生不出双胞胎。这就是造型自然。明明是做出来的，却说它自然，意思是制作时无心，不装，看不见意志。

宋元陶瓷器已达到高不可攀的地步，学我者死，最好的办法就是打破大陆的审美秩序，不跟着一条道上跑到黑，走岔路。这几乎是日本人把中国文化变成日本文化的基本路数。日本从中国拿来文化便开始山寨，但手工艺具有传统性，不是一下子就能做好的。京都陶艺家河合纪，在清华大学当过客座教授，北京机场有他的浮雕作品，他写道："道八、保全、周平（都是江户时代有名的陶工）尽全力烧制的是文化先导中国的陶瓷。抄袭好是目的，不可能有创作，大概他们相信，如果有，那也是不好的东西。抄袭就是日本陶工的中心性美学。"估计乐陶创始人当初也这么想，正当他努力山寨时，千利休来了，说：这就很好啦，比中国的陶器美，更有趣味。仿佛在传统文化中发现了"当代艺术"。当今我们喜爱日本的陶器，恐怕也不是把它当作日本的传统工艺，更像是赏玩当代艺术品。就汉字文化圈来说，反中国文化就是反传统，所以日本文化压根儿具有"前卫艺术"的潜质。中国也允许突破或破坏，想狂草那样打破以往的审美，但保守往往多过创新。

　　日本人喝茶，先于滋味，讲究的是形式。这也是因为形式更具有文化性，能显出对文化的崇仰，借以自尊。民间学权贵也凑到一块儿喝茶，用不起唐物就顺手拿日常器物代替。起初看似矫情，甚至有点变态，渐渐地见怪不怪，喝得美滋滋。扯上二尺红头绳，穷人自有穷人的做法和美法。这时千利休主张，用不着唐物，可以用日本自己烧制的碗，可以用高丽茶碗。朝鲜半岛的陶瓷技术也相当高，日本制陶基本靠朝鲜半岛的工匠发展起来。不过，千利休要用的是朝鲜半岛老百姓平日里吃饭的碗。点茶不是沏茶、泡茶，而是用茶勺把抹茶从茶罐舀进茶碗里，沃以热水（所谓"汤"），再用茶筅像刷锅一样转圈搅。满满点这么一碗，大家轮流啜，叫"吸茶"。与近乎完美的天目碗相比，乐陶茶碗和高丽茶碗造型不均衡，釉彩浓淡不匀，但个头儿大，沉甸甸的，拿在手里更有感觉。而且中国人使用桌椅，对于在榻榻米上活动的日本人来说，唐碗的底足有点矮。审美被千利休降低了身段，平民百姓当然很乐意接受。传说大陆日常吃饭的碗、喝水的碗乃至笔洗，杂七杂八都派上用场，千利休喜爱的云鹤茶碗本来是朝鲜半岛上用来喝汤药的，德川将军本家传承的天下三茶罐之一"初花肩冲"（茶罐）居然是杨贵妃用来抹头发的香油壶。

脱离唐物，刻意去中国化，也不免闹出笑话。大阪湾有一个地方叫"堺"，由于和明朝贸易而繁荣，是千利休的家乡。那里立着纳屋助左卫门的铜像，城山三郎的长篇小说《黄金日日》就写他。他是搞贸易的，一五九四年从吕宋（今菲律宾）贩来几十个吕宋壶，千利休帮着兜售，高价卖给丰臣秀吉和各地诸侯，中饱私囊。助左卫门出了名，可国际倒爷不只他一人，东窗事发，所谓吕宋壶，原来是当地的尿壶，秀吉岂能不大怒。大祸临头，助左卫门把家产捐给大安寺，外逃柬埔寨。传闻大安寺藏有这种吕宋壶，乃镇寺之宝。

这只是传说，实际上千利休本人没留下只字片语，关于他的思想，大都是后世的传说和逸话。千利休先后侍奉两大霸主织田信长和丰臣秀吉，依附权贵，为政权服务。丰臣秀吉也是有名的茶人，他的茶是书院茶，黄金茶，而千利休私下大搞草庵茶，在审美上跟统治者作对。宋徽宗说"盏色贵青黑"。乐茶碗有黑赤两种，利休喜好黑，秀吉喜好赤。茶室与世隔绝，但千利休不甘闲寂，热衷于政治，却又不失独立而顽固的匠人之心，终于惹来杀身之祸。千家茶道有"一乐、二萩、三唐津"之说，乐陶的茶碗位居第一。倘若有三位客人，最先上的一碗茶用乐陶碗，第二个是山口的萩陶，第三个是九州的唐津陶。

"草庵茶"这个词也是江户时代才有的。千利休的高徒宗启著《南方录》强调精神论，所述千利休的观点和喜好是后世茶道的基本,对"草庵茶"观念的形成有巨大的影响,被视为茶道的圣书,其实此书是江户时代的伪作。

值得注意的是,唐物的茶具并不是中国流行的白瓷、青瓷、青花之类,主要是中国南方的民窑烧制的非主流的东西。最被珍重的天目茶碗是福建建窑的产品,留学的僧人从浙江天目山的佛寺里拿回来,故名天目。恐怕这是接受外来文化的一个特点,往往是接受另一种文化非主流的次等的东西,可能是由于水平所限,而且次等的东西才易于改造成自己的文化。大家都知道,日本人喜爱白居易,至今也超过对李白、杜甫的喜爱,白居易活着的时候日本人到唐朝来就把他的诗集抄写了回去。白居易作诗"老妪能解",大概与其他唐诗人相比是浅显易懂的。可见日本人在平安时代搬来唐文化时自然而然有简素的倾向。

千利休的弟子是各地大名(诸侯),他死后江户时代流行的是大名茶,也叫武家茶,追求华丽而悠闲。武家茶不取家元制度,由藩主们主持,茶人操作。明治维新以后武家茶随武家社会灭亡，市人（日本叫"町人"）的草庵茶才扩张了发展空间，美意识被独尊。重视心的茶和偏重技艺、器物的茶各有所成，尤其是后者发展了日本的工艺、饮食等眼见为实的美。"侘"，不是贫，不是俭，而是一个标新立异的审美角度。丰臣秀吉征讨小田原城，千利休随军，用竹子做了个花瓶，"侘"到了极致，后来被视为名物，也贵到极致。反对奢华，本应以"圆虚清静的一心为器"，却造成另一种奢华。简素本身不简素。如今备置一套茶具需要好多钱，还要交学费。果真秉承千利休精神，身边吃饭的家伙不就可以搞茶道么？很多人对这种简直像遭罪的传统文化敬而远之。

茶道，又叫茶会，不只是喝喝茶。里千家传承十六代，上一代千玄室（健在）著述颇丰，在《伏见酒》中写道：冬天的话，茶室里添炭加热釜中的水，到温度适宜之前，吃一汁三菜的怀石，也喝酒。首先喝点汁，吃点饭，垫垫肚子，这时主人出来侑一盃酒。煮的菜上来，再喝一盃。最后端上来山珍海味，主人和客人举盃共饮。不能喝的人不勉强，能喝的人要适量。三盃的酒量大约有一两合（一升等于一点八公升，一升的十分之一为一合）。正规用漆盃，喝到半酣也有主人会拿出珍藏的各式各样的盃子，大概是推盃换盏的意思。看千先生这么写，按饭局、酒局的中式说法，吃吃喝喝的茶道应该叫茶局才是。

茶会的简素，不是从普通老百姓的家常便饭提炼出来的，而是把上层武士的宴席做了一些简化。茶会有七种，中午的茶会赶上饭点，跟吃最相关。茶道影响了日常生活，平日里待客，必定上茶，并配以点心，这就是来自茶会形式之一的点心茶会。有人称怀石的创造是日本菜肴文化史上的革命，其形式逐步完善，变成了日餐主流。怀石菜，日文写作"怀石料理"，而茶道世界只叫它"怀石"，或许一说菜就俗。室町时代作为武家的礼法形成了"本膳料理"的筵席形式，也叫七五三，就是三道菜，第一道七个菜，第二道五个菜，第三道三个菜，足见其奢华。茶道兴起之初是筵席的附属，恰似我们酒足饭饱之后喝茶聊天。千利休给织田信长当茶头的时候，明智光秀搞茶会，器具是贴金描银的。到了战国时代，群雄割据，武士们忙于打仗，没工夫吃喝，饮食已趋向从简。千利休的茶道是草庵茶，主张和敬清寂（和睦，互敬，清静，寂然不动心），不仅要喝出这个境界，还要吃出这个境界。茶会上一汁三菜，尽量去除"本膳"的元素。"会席"（筵席），非茶道所特有，于是改称"怀石"，音同字不同，就有了禅意。原来怀石的出典是禅院，过午不食，晚上修行时饥肠辘辘，怀里抱一块烤热的石头抵御饥寒，意思是吃一点点东西垫补垫补。怀石用一个食盘，吃一个上一个，控制了空间，在时间上幻想永远。这也与茶室过小有关。千利休把茶室缩为二叠，主人占一叠，两三个客人占一叠，每人面前放一个食盘都为难，当然非简素不可。怀石简素了，反而更追求形式，以求寓意，也就是禅味。

有个叫泽庵宗彭的和尚（一五七三～一六四六），当过大德寺住持，传说腌萝卜就是他创制的，所以叫泽庵渍。他在所著《茶亭记》中批评："现在的人完全把茶道当作了招待朋友聊天的手段,以饮食为快,满足口腹。茶室极尽华丽,网罗珍贵的器物,夸示工巧,嘲讽他人的笨拙。这些都不是茶道的本义。"

里千家的家元,也就是大当家的,千宗室说:"茶道常被说是'招待的文化',其实是'寻找自我的文化'。"又说:"茶道是修炼。删繁就简,尽量舍弃身上的虚荣、嫉妒、鬼花样,寻找本来的自己,接近本来的自己。从招待进入修炼。"千宗室大学学的是心理学,在大德寺参禅得度,号坐忘斋。也是随笔家,写了好些书。他强调"寻找自我",也就是自我修养。"风尘小憩农夫舍,索得浓茶作胆尝",那也是一种修炼。茶道的特性有社交性、修行性、艺术性、仪式性,基础是社交,请人吃茶,好生招待,应算作招待文化。正因为是招待、款待,才产生了"一期一会"的思想,完全为茶客服务。

茶道史专家桑田忠亲这样说:"做茶道,主人邀请的客人也好,不速之客或者不请自来的客人也好,都必须心情舒畅地由衷招待。客人也汲取主人招待的真心,由衷地接受其招待。主人和客人呼吸合拍,这是真正的茶道。"主人请客人喝茶,似乎意不在喝得有滋有味,而致力于喝得有板有眼,仪式完美。展览会、鉴赏会是为了显示,显示器物,显示拥有,而茶会要展现招待之心。茶道之祖村田珠光告诫,学茶最不好的是自傲与我执。茶道不在于器具,主人把自己变小、谦恭、谨慎,发自内心地招待客人,道即在其中。

俳句不滑稽，就是打蔫的花

俳句是"笑"的诗。

文艺评论家山本健吉把俳句的表现特点归纳为三：滑稽、应酬、即兴。

朱自清在《短诗与长诗》一文中指明俳句的滑稽："现在短诗底流行，可算盛极！作者固然很多，作品尤其丰富；一人所作自十馀首到百馀首，且大概在很短的时日内写成。这是很可注意的事。这种短诗底来源，据我所知，有以下两种：（一）周启明君翻译的日本诗歌，（二）泰戈尔《飞鸟集》里的短诗。前一种影响甚大。但所影响的似乎只是诗形，而未及于意境与风格。因为周君所译日本诗底特色便在它们的淡远的境界和俳谐的气息，而现在流行的短诗里却没有这些。"周启明即周作人,他有一文写《日本之俳句》,整整一百年前了,但到了当代,人们反而更热衷于形似,以至创造了"汉俳"这种诗形。

俳句的俳,即俳谐的俳,俳谐者,滑稽也。

相对于唐诗,日本把古来定型的歌统称和歌。这种相对化,显示对民族文化拥有了自信。最早的和歌是神作的。日本皇家的老祖宗神叫天照大神,她弟叫素戋鸣尊,行事暴虐,把姐姐吓得躲进岩洞里,天昏地暗,一女神大跳脱衣舞才将其引出,世界复明。就这个素戋鸣尊创作了第一首和歌,记载在日本现存最古老的史书《古事记》中。十世纪初编纂的《古今和歌集》里出现俳谐歌,属于"杂体",想来并不是歌人的有意创作,而是被归为一类。起初歌人大都不明白"俳谐"为何意,平安时代末叶有个叫藤原清辅的歌人(一一〇四~一一七七),也是歌学家,著有《奥义抄》等,对此做了一番解释:俳谐,述妙义之歌也。

明代徐师曾所著《文体明辨序说·诙谐诗》,有云:"按《诗·卫风·淇奥篇》云:'善戏谑兮，不为虐兮。'此谓言语之间耳。后人因此演而为诗，故有俳谐体、风人体、诸言体、诸语体、诸意体、字谜体、禽言体。虽含讽喻，实则诙谐，盖皆以文滑稽尔，不足取也。"日本人唐时不取太监，宋时不取缠足，明时不取八股，清时不取鸦片，上古把"俳谐体"取了去，蔚为大观。

和歌里定型为三十一个音节的歌叫短歌，广为流行，以致说和歌就指它。三十一个音节断为五七五七七。五七五这十七个音节叫长句，七七这十四个音节叫短句。我们中国人把五七五感觉为三句。HAIKU（俳句）走向世界，其他语言写它也大都写成三行诗。日本现存最古老的歌集《万叶集》里已有把短歌分成两部分，一人作长句，一人作短句，互相唱和。这就是连歌。还有个传说，日本第十二代天皇的皇子"日本武尊"东征过筑波之地作歌，值夜老人接过来续作，于是日本武尊被奉为连歌的始祖。起初是二人你一句我一句，叫短连歌，后来发展为几个人轮番往下作，叫长连歌，恰如《红楼梦》第五十回的"芦雪庵争联即景诗",甚至长达百韵、千句。连歌也像联诗一样需要急智,围坐在一起击鼓传花似的,不可避免地带有游戏性,当然少不了滑稽逗趣。后来就有人故意用有失大雅的语言,作出来的连歌叫"俳谐连歌",略作"俳谐"。明治末叶俳人高滨虚子将其改称为"连句"。

连歌、连句的起头五七五叫"发句"。发者,发端也,那就像"芦雪庵争联即景诗",凤姐儿说:"我也说一句在上头。"众人凑到一起共同制作连句,有主人,有客人,有人远道而来,有人亲临指导,自然要寒暄,今天天气哈哈哈,发句里表现为"季语"。上一个人吟了下一个人续,非即兴不可,而且要瞻前顾后,承上启下。发句未必临场口占,也不必管下一个人如何接招,须意思完整,自己收住,这就是"切",用来"切"的音节叫"切字"。可见,发句当初就不同于其他各句(承接的七七叫"胁句",由胁句转折的五七五叫"第三",最后的七七叫"举句",其余都叫作"平句",本文所说的句常常用日语的意思,从中文来看未必成句),具有独立性,正如凤姐被表扬:"不见底下的,这正是会作诗的起法。"芭蕉旅途卧病，不能去参加句会，满怀孤独，便写了发句："秋已深，比邻做什么的呀"，送到句会供众人续下去。发句渐渐地真就特立独行，依然保留着寄语和切字，却无须像山本健吉说的那样当场应酬或即兴了。明治年间正冈子规（一八六七～一九〇二）认为发句是文学，而连句不是文学。发句被改称俳句，所以俳句史找不到神话传说的源头。从近现代意识来说，俳句是文学创作，而连句以及连歌不过是一种文学性娱乐活动。芭蕉作的是发句，通常也被穿越地叫作俳句。倘若把"俳句"翻译成中文，真个是"绝句"，从连句截下来的。莫非"俳"字的人字旁让人把它等同于倡、优，几乎与笑无关了，俳句这个称呼也无从联想到俳谐之意。

和歌以及连歌是高雅的世界，所谓不雅之词，指的是俗言和汉语。日本人创造假名，简直就为了与汉字分工，各尽其能：汉字作汉诗以言志，只用来办公事；假名吟和歌以抒情，多用来谈恋爱。和歌使用汉语词汇就俗了。宗祇（一四二一～一五〇二）有一首发句，内容不滑稽，但用了"无双"（音读），突然冒出来这么一个外国词造成不和谐，就显得滑稽。宗祇的这首发句被视为俳句的滥觞。他是连歌师，不是连句的俳谐师，被认作连句（俳谐）之祖的是山崎宗鉴和荒木田守武，大约活在十五世纪后半到十六世纪前半。宗鉴的作品：给月亮插个柄就是一把好团扇。荒木的作品：以为落花又返回枝头，原来是蝴蝶。到了江户时代，京都出了个松永贞德（一五七一～一六五三），自幼学和歌、连歌，歌学造诣深。具有启蒙家禀性，教庶民和歌、歌学，六十岁以后爱好作连句。连歌属于上流社会，而连句具有大众性与滑稽性。天皇家每年正月里举办歌会，吟的是和歌，从不作俳句，大概认为它不登大雅之堂。

　　以贞德为祖的这一派连句叫贞门派，遍及全国。贞德在文学史上第一个认为日常的通俗语言具有诗的价值。二百多年后中国有黄遵宪（一八四八～一九〇五）提倡"我手写吾口，古岂能拘牵"，被称作诗界革命，但中国传统诗几乎与民众无关，终未成气候。连句有别于连歌之处在于用俗言汉语，更在于语言所表现的主体，立意是俗的，比喻是俗的，夏夜的月亮"冰凉一大块"。连句不滑稽就不能与连歌区分，也就失去其存在的价值。贞门派连句热衷于语言游戏，追求的是上品的滑稽，仍属于优雅。真正打破传统审美的是西山宗因、井原西鹤等人在大阪兴起的谈林派。宗因（一六〇五~一六八二）说，连句是梦幻的戏言。他们自由得无所顾忌，为滑稽而滑稽，并拉来老庄思想充实滑稽论。连句有滑稽之心，把连歌所重视的既成价值观、美意识相对化，用笑加以瓦解，从而在精神上获得解放感。民俗学家柳田国男说：俳谐（连句）是破格，又是对寻常的反抗。

俗与雅是一种轮回。雅得久了，就会有人生厌，用俗来破坏它；俗得久了，也会有人不满，把它提升到雅。雅俗交替，形成一部文艺发展史。天生芭蕉，把俳句的内涵加以深化，升华为艺术，与和歌、连歌比肩，以致高滨虚子说：俳句即芭蕉文学。被誉为俳圣的松尾芭蕉（一六四四~一六九四）是农家子弟，作过贞门连句，试过谈林连句，起初汉诗文的色彩比较浓。四十一岁始出游，作品的意境大变，写出

"老池塘哟蛤蟆跳进水的声响"，确立了蕉风（芭蕉风格）。不再把自己的意图强加给读者，而是任读者随心所欲地感受，自以为是地理解。正所谓诗无达诂，但他是有意为之，给读者留下一大片用武之地。时人评芭蕉，"其性嗜滑稽，潜心于诙谐"。俳学家尾形仂提出欣赏芭蕉俳句的五个方法，其一是俳谐性。芭蕉俳句的滑稽超出了他号桃青（可想起李白）岁月的滑稽，仿佛向和歌回归，但和歌高雅，俳谐自由，只要不放弃滑稽，就不至于复古。他常常偷着笑，不易觉察，所以要看破芭蕉一首首俳句怎么滑稽，好笑在哪里，也不大容易。这首咏蛙就含有滑稽。那是"生山间清流中，鸣声清亮，入秋为多"的蛙，和歌所常咏，乃和歌世界的雅言，按常规应吟咏它的鸣声，芭蕉却充耳不闻，写它跳入老池塘的水声。一池沉闷的水，咚地水声响，有蛙一只或数只跳进水里，或许吓他一大跳，不禁笑自己发呆。这对于高雅的蛙鸣是一个嘲讽。

柳田国男说，芭蕉的连句在于微笑与慰抚。连句在芭蕉的时代被等而下之，它上面有连歌以及和歌，再往上还有汉诗文，但芭蕉自道：

久好狂句，终为生涯之营谋。日本词典里解释，幽默是有品位的滑稽，这样用西方的音译贬低东方的本意，为我所不取。英国憨豆先生的幽默常近乎无聊。芭蕉从不曾想到西方的幽默，他提升的是日本的滑稽。正冈子规指出芭蕉的滑稽不是通常世人所说的滑稽，而是语言雅俗相混，思想多变，而且急遽。俳句的禅味每每也在于诙谐嘲虐，以示达观。不过，"闲寂古池旁，蛙入水中央，悄然一声响"，未免译得太打油，让人感到滑稽的倒像是俳圣本人了。周作人认定俳句不可译，信矣哉。

　　古今中外，要想让民众喜闻乐见，非滑稽不办。谈林派从雅转向俗，抖机灵以达到滑稽。芭蕉及其门徒追求有诗味儿的滑稽。民众往往不管艺术不艺术，最乐荤段子，低俗的滑稽很容易流行。正冈子规说："滑稽也属于文学，但俳句的滑稽与川柳的滑稽在程度上自有不同。川柳的滑稽使人捧腹大笑，而俳句的滑稽当中要有雅味。"俳句逗人笑，不是大笑、浅笑、窃笑，而是会心一笑。不给人低俗感，不能取笑他人，不能以旁观、揭露、挖苦、嘲讽为能事。

然而，俳句被正冈子归们革新，邈然丧失了俳谐之趣——滑稽。现代俳句虽然也不吝承认俳句的滑稽性，但极力把俳句奉为艺术，对滑稽避之惟恐不及。俳句几乎把滑稽完全让给了川柳。和俳句同样取自连句，也是十七个音节，但川柳没有季语、切字的定规，不属于格律诗，犹如今人作所谓七绝，只不过二十八个字整齐而已，虽然也会有定型所带来的快感。

《红楼梦》里"芦雪庵争联即景诗"，人是欢闹的，"湘云起身笑道：我也不是作诗，竟是抢命呢"，诗句却一点不滑稽，读来无趣。连句在日本大流行的时候我国也产生了滑稽取乐的文艺形式，那就是散曲，惜乎不曾像连句那样大众化。中国诗歌通常是载道的，"千村薜荔人遗矢"，这简直像日本的饿鬼图，但我们读之肃然。汉俳志在创造新古典，大概也是以载道为努力的方向，常赋得中日友好。鲁迅有言："滑稽却不如平淡，唯其平淡，也就更加滑稽。"滑稽与低俗仅一纸之隔，实乃至难。真的滑稽，需要作者拿人品和情操垫底，也需要删繁就简，人生归于平淡。

后记：答腾讯·大家问

摄影　王馨艺

问：您的三本自选集的名字很有意思，《雪地茫茫呀》《况且况且况》《反正都能飞》，书名怎么来的？有特别的意义吗？

答：如今作文出书，起名为难，"语不惊人死，不休"。日本文学里我喜爱随笔和俳句，偶尔兴之所至，也写写所谓汉俳。不过，我们的名家努力把汉俳写得像古典诗词，除了自然数的外形相似而外，并没有俳趣。我写的也算不上俳句，近乎日本叫"川柳"的打油诗，追求的是滑稽。这三本书的三个书名取自我的三首伪汉俳，分别印在封面上：雪地茫茫呀／如何踩上第一脚／人生想当初；无尽地重复／噪音听来也耳顺／况且况且况；满屏错别字／苍鹰误作了苍蝇／反正都能飞。从情境来说，所表现的分别是徒步、火车、飞机，人生不断地变换前行的方式，越来越快。我这辈子不可能坐上火箭了，虽然小时候曾画过坐火箭超英赶美什么的。我写的是随笔，内容驳杂，只能归拢在"日本"这个题目下。既然说不清，那就逗逗趣。每本还有副标题，和正题也有点关联，若即若离。"雪地茫茫啊"副题是"生活并审美"，脚踏实地；"反正都能飞"所指错别字是"文学及出版"的事；而"历史与文化"经常是"况且况且况"的重复。

问：可以谈谈您的写作与日本的关系吗？

答：我是年将不惑去日本的，从年龄来说已难以改造，好在日本爱拿来人家的东西加以改造的年代早已过去，更没有改造人的意思。之前在国内做编辑，动笔是改稿，基本不写作。到日本不久开始给北京的《读书》杂志写关于日本的随笔，可以说，我在日本压根儿是一个观察者，甚至是旁观者，并非一头扎进水里呛几口水或许能学会狗刨式游泳的生活者，更没有跻身于主流社会的念头。我有一本比较早的集子就叫作《东游西话》，几乎表达了我的生活方式。始终在中国文坛上比拼，近年被划为海外的华文作家，属于另类了。

当初学日语，用日语写过日记，但写不来文章，一向用中文写作。在洋泾浜语言泛滥的环境里，我是固执中文纯粹性的，不夹带怪词儿，像电视剧的鬼子说中国话，硬让看客当日本话听。有个电影叫《武士的一分》，恐怕看完了也不明白怎么个"一分"，我是坚决译作"武士的底线"的。不过，如今国内流行用日语，我反倒未得风气之先。每听"日料"之类的说法不禁起鸡皮疙瘩。日本词语也有被改造的，例如"暴走"，日本指飚车，我们拿了来，真的

摄影　王馨艺

是"走"而且"暴",健行变成了暴走。当然也受到日文及日本文学的影响,但包子好吃不在褶上,并不表现在搬弄几个外来语。常有人说日本话暧昧,其实中文更暧昧,但中文是中文本身暧昧,而日本是说话方式暧昧,所以从国民性来说,中国人不像日本人那么暧昧,而是自以为是,动辄下结论。

古代中国人写日本很潇洒,同情他们远在天边,但自从甲午战败,中国人写日本就满怀悲情了,大都带有使命感。上世纪八十年代"出国潮"以来也如此,甚至情感更复杂,有人找他山之石,有人浇胸中块垒,也有人打鬼借助钟馗,似乎都不大有文学意识。对于文学性，虽不能至，但心向往之，所以我一向强调我写的是随笔。

问：我知道有几个专门写日本的公号，例如日本华文文学笔会，好像年轻的作者特别少，为什么在日本的中国年轻人很少参与中文写作？

答：上世纪八十年代、九十年代来日本的人，如果把日本和中国比作河，那么，他们大都在中国的岸边洗手或濯足，或者打打水漂，而年轻人，相当于他们的下一代，下了水，甚至到中流击水。不要念念不忘这一届年轻人是中国人。他们或许听郭德纲相声，但不用中文写作，不感兴趣，更没有那种情结。我期望他们用日文写作，获得芥川奖什么的，然后我们的大小媒体就可以鼓噪华裔日本作家如何了得。我向来认为应该拿兵马俑当礼物送给或者卖给外国，到处的博物馆里都立着，中华文化不就走向世界了吗？

问：史航说："长声老哥旅日三十余年，看惯岛国春光，也看穿春光里的秋色，他不是仇日派哈日派，他就是知日派，他知道这个民族的颓美丧忍和，他时常一语道破天机而不以为能。他这个人太好，按说性情这么好的人，不该写出这么好的文章。"被誉为"知日作家"，会有压力吗？

答："知日"，也就是知道日本罢了，在日本年头多了，所谓没吃过猪肉还没见过猪跑？被说成"知日"当然有压力，这表明我写的东西有人信，更得"下笔如有神"，有神在看着，知之为知之，不能装，不能信口开河。

应该以平常心看日本，才能看见一个正常的日本。有些文章常说日本如何如何，所以很可怕，这种心态就不免有问题。总觉得人家可怕，也就是处于敌对的角度或立场看待它。日本人爱强调自己特殊，到处宣扬这种特殊，世界真就觉得它特殊，把它看得怪怪的，简直没了人样。

问：现在写日本的人越来越多了，为读者更好地了解日本提供了可能，在您看来，国人写日本有哪些好与不好？

答：如今是全民写作的时代，几日游，回来就可以恣意汪洋。无所谓好不好，因为看走眼，说不定也有举烛之趣。侨居日本，对日本就无所不知，怎么可能呢？长住久居也未必知，甚至好些人近乎文盲。他们回国探亲什么的，也大讲日本，必须的，自有他们的观察和见解。讲不讲由他，听不听由你。写不写由他，读不读由你。至于信不信，要经过你的脑袋，那就是你脑袋好不好使的问题了。

问：您认为日本文化是建立在跟中国文化唱反调上，具体怎么讲？

答：日本拿来中国文化，渐渐有了民族意识，要创立自己的文化，但不是也不可能另起炉灶，而是采取了一些手法，首先就是跟中国唱反调。例如茶道，常说日本审美出自茶道，那么茶道的审美从哪里来的呢？本来吃茶来自中国，不仅吃，还重视器具，茶碗、茶罐什么的，起初以中国舶来品为贵，叫"唐物"。人们对于外来事物总会不由自主地珍视，比本家更固守。平民百姓没有那些奢华的东西，于是一个叫千利休的，提出搞茶道用不着"唐物"，朝鲜半岛老百姓吃饭的粗瓷碗就行，日本人自己烧制的七扭八歪的碗就行，平民百姓们跟风，渐渐形成了一种审美。传说某人有一个精美的唐物，拿给千利休看，他不予理睬。某人一气之下摔碎了，别人觉得怪可惜的，拼粘成原状，这时千利休就大叫其美。实际上我们中国人更经常参与这样制造美意识，但不如日本把一种美坚持得那么久，他们毕竟有所谓万世一系的历史背景或情结。

千利休的茶道是"草庵茶"，主张简素、静寂、枯淡，实际上奢华的"书院茶"更源远流长，但不如千利休后代善于经营，不那么兴盛，以致连一般日本人几乎也只知道所谓"三千家"。

还有一种手法就是把中国的文化及审美推至极致，就当作它自己的。例如简素，这是从南宋文化艺术里拿来的，特别是禅宗，本来就崇尚简素，被日本加以极致化。简素不等于素朴或简单，做出这种美是费工费事的。

京都有一座金阁寺，还有一座银阁寺，是游客必游的去处。金阁是上世纪五十年代重建的，所以它属于世界文化遗产，却不是日本国宝。

摄影　王馨艺

八十年代重新贴金，令游客惊叹其金辉灿烂。它代表了日本文化的华丽一面，像和服，像三岛由纪夫的文字。这种华丽基本是接受中国文化的印记。日本文化的另一面则以银阁寺为代表，那就是被大肆宣扬的所谓日本美。银阁并没有贴银，而是涂了黑漆，泛起银光，因年久失修而剥落如疤，可能我们中国人便看见衰败，国家兴亡，但日本人看出美，称之为"侘"。如果修缮得焕然一新，恐怕银阁也就无"侘"可言了。有意思的是，日本人也多是游览金阁，于是寂寥的银阁寺更显得"侘"。

就汉字文化圈来说，反中国文化就是反传

摄影　王馨艺

统,所以日本文化压根儿具有"前卫艺术"的潜质。

问: 常有人说到京都寻找唐朝,能找到么?

答: 有点难,一是需要有唐朝知识,二是要知道哪些是日本改造而创造的。有一个说法:崖山之后无中国。那么,日本则可以说应仁乱后有日本。应仁是年号,动乱发生在一四六七至一四七七,长达十一年,整个京都几乎都变成废墟。丰臣秀吉掌权后重建,但不是恢复原状,而是大加改造,譬如街市的格局不再搞中国式对称。明治维新对传统又进行了一次大破坏，特别是废佛毁寺。日本的很多所谓传统，建筑乃至习俗，是上世纪七八十年代为了搞旅游而复原、重建乃至伪造的，后世日本人尚且不明底细，更何况我们外国游客。

问：如今盛行夸日本的工匠、工匠精神，您怎么看？

答：我觉得全世界的工匠都一样，都具有所谓的工匠精神。例如意大利、法国，某日本评论家认为欧洲工匠比日本传承得更好。中国更是个工匠大国，恐怕盛赞日本工匠的人根本不了解中国的事情，少见多怪。如果说工匠有什么精神，我认为那就是做事认真。认真出细节。同时要看到，工匠带有落后性，因循守旧，不善于经商。商人与匠人的区别即在于商人搞连锁店，匠人只守住祖传的作坊。日本手工艺的现状是气息奄奄，一方面被中国价廉制品冲击，另一方面后继无人。正因为如此，他们才大力宣扬工匠，鼓吹工匠精神，挽狂澜于既倒。

问：听说日本喜欢立规矩，守规矩，干干净净，彬彬有礼，您觉得呢？

答：大致是这样。例如我亲身经历了他们从手机一问世就开始制定规矩，车上总在广播不要用手机，茶馆也有不能用手机的告示，大家渐渐都自觉遵守。日本生活的规矩古时候多出自禅寺，特别是永平寺、总持寺。道元是日本曹洞宗鼻祖，开山永平寺。他从南宋的禅寺带回来规矩，给庙里写下了如何做饭、吃饭的规矩。后来传入民间，形成习俗，很多规矩至今仍遵守，也就是传统。我们讲究改朝换代、破旧立新，向来以不守规矩为能事。例如飞机降落，广播说不要打开手机，但嘟嘟声彼伏此起。看看乘客都一脸的文化，却少了点教养。不能用法不责众壮胆。不责众的就不是法。不过，好些场合与其说不守规矩，不如说国内没有立规矩，或者不懂外国规矩，一旦立了，懂了，一般还是会遵守的吧。

原载于腾讯《大家》二〇一七年八月二十四日

图书在版编目（CIP）数据

日本人的画像 / 李长声著. -- 北京：社会科学文献出版社, 2019.8
 ISBN 978-7-5201-4945-7

Ⅰ.①日… Ⅱ.①李… Ⅲ.①文化研究－日本－文集
Ⅳ.①G131.3-53

中国版本图书馆CIP数据核字（2019）第102202号

日本人的画像

著　　者 / 李长声

出 版 人 / 谢寿光
责任编辑 / 周方茹
文稿编辑 / 韩宜儒

出　　版 / 社会科学文献出版社·联合出版中心（010）59367151
　　　　　　地址：北京市北三环中路甲29号院华龙大厦　邮编：100029
　　　　　　网址：www.ssap.com.cn
发　　行 / 市场营销中心（010）59367081　59367083
印　　装 / 北京盛通印刷股份有限公司

规　　格 / 开　本：889mm×1194mm　1/32
　　　　　　印　张：12.5　字　数：175千字
版　　次 / 2019年8月第1版　2019年8月第1次印刷
书　　号 / ISBN 978-7-5201-4945-7
定　　价 / 59.00元

本书如有印装质量问题，请与读者服务中心（010-59367028）联系
▲ 版权所有　翻印必究

日本人的画像
可爱的妖怪们
厉鬼推日
以和为贵
武士的忠诚
福泽谕吉与明治维新
坂上乌云
满纸血光画战争
零战未归于〇
大河电视剧
游戏三国志
谷崎润一郎与中国
那把砍掉三岛好头颅
的刀

村上若不来东京，
或许不会写小说
京都需要读
奈良怀古
一工成匠代代传
依样画葫芦
骆驼祥子拉过的洋车
工匠与神话
莫须有的规矩
看懂日本字
三个字看懂和食
光看没有酒，樱花算个屁
茶道与日本美意识
俳句不滑稽，就是打蔫的花

ISBN 978-7-5201-4945-7

定价：59.00元